IF FOUND PLEASE RETURN TO:

_____

_____

_____

_____

Christmas Card Address and Record Book
Copyright © 2021 Big Star Press

All rights reserved.
No part of this publication may be reproduced, stored in a retrieval system, or transmitted in any form or by any means, electronic, mechanical, photocopying, recording or otherwise, without the prior written permission of the copyright owner.

Unauthorized reproduction of any part of this publication by any means, including photocopying, is an infringement of copyright.

This Christmas Card Record Book helps organize mailing addresses and personal contacts, and makes it easy to keep track of Christmas card exchange records - all in one place, for up to ten years!

Address book is organized with alphabetical tabs, containing 6 pages per letter. In addition to space for address, phone and email contacts, each entry contains a tracker to record sent and received cards.

To use the card tracker:
- Complete the year space '20___' with the current year
- Circle the **S** (Sent) when you send a card
- Circle the **R** (Received) when you receive a card

Have a very Merry Christmas!

NAME	
ADDRESS	
EMAIL/PHONE	

20__		20__		20__		20__		20__	
S	R	S	R	S	R	S	R	S	R
20__		20__		20__		20__		20__	
S	R	S	R	S	R	S	R	S	R

NAME	
ADDRESS	
EMAIL/PHONE	

20__		20__		20__		20__		20__	
S	R	S	R	S	R	S	R	S	R
20__		20__		20__		20__		20__	
S	R	S	R	S	R	S	R	S	R

NAME	
ADDRESS	
EMAIL/PHONE	

20__		20__		20__		20__		20__	
S	R	S	R	S	R	S	R	S	R
20__		20__		20__		20__		20__	
S	R	S	R	S	R	S	R	S	R

NAME	
ADDRESS	
EMAIL/PHONE	

20__		20__		20__		20__		20__	
S	R	S	R	S	R	S	R	S	R
20__		20__		20__		20__		20__	
S	R	S	R	S	R	S	R	S	R

A

NAME	
ADDRESS	
EMAIL/PHONE	

20__		20__		20__		20__		20__	
S	R	S	R	S	R	S	R	S	R
20__		20__		20__		20__		20__	
S	R	S	R	S	R	S	R	S	R

NAME	
ADDRESS	
EMAIL/PHONE	

20__		20__		20__		20__		20__	
S	R	S	R	S	R	S	R	S	R
20__		20__		20__		20__		20__	
S	R	S	R	S	R	S	R	S	R

NAME	
ADDRESS	
EMAIL/PHONE	

20__		20__		20__		20__		20__	
S	R	S	R	S	R	S	R	S	R
20__		20__		20__		20__		20__	
S	R	S	R	S	R	S	R	S	R

NAME	
ADDRESS	
EMAIL/PHONE	

20__		20__		20__		20__		20__	
S	R	S	R	S	R	S	R	S	R
20__		20__		20__		20__		20__	
S	R	S	R	S	R	S	R	S	R

A

NAME	
ADDRESS	
EMAIL/PHONE	

20__		20__		20__		20__		20__	
S	R	S	R	S	R	S	R	S	R
20__		20__		20__		20__		20__	
S	R	S	R	S	R	S	R	S	R

NAME	
ADDRESS	
EMAIL/PHONE	

20__		20__		20__		20__		20__	
S	R	S	R	S	R	S	R	S	R
20__		20__		20__		20__		20__	
S	R	S	R	S	R	S	R	S	R

NAME	
ADDRESS	
EMAIL/PHONE	

20__		20__		20__		20__		20__	
S	R	S	R	S	R	S	R	S	R
20__		20__		20__		20__		20__	
S	R	S	R	S	R	S	R	S	R

NAME	
ADDRESS	
EMAIL/PHONE	

20__		20__		20__		20__		20__	
S	R	S	R	S	R	S	R	S	R
20__		20__		20__		20__		20__	
S	R	S	R	S	R	S	R	S	R

A

NAME	
ADDRESS	
EMAIL/PHONE	

20__		20__		20__		20__		20__	
S	R	S	R	S	R	S	R	S	R
20__		20__		20__		20__		20__	
S	R	S	R	S	R	S	R	S	R

NAME	
ADDRESS	
EMAIL/PHONE	

20__		20__		20__		20__		20__	
S	R	S	R	S	R	S	R	S	R
20__		20__		20__		20__		20__	
S	R	S	R	S	R	S	R	S	R

NAME	
ADDRESS	
EMAIL/PHONE	

20__		20__		20__		20__		20__	
S	R	S	R	S	R	S	R	S	R
20__		20__		20__		20__		20__	
S	R	S	R	S	R	S	R	S	R

NAME	
ADDRESS	
EMAIL/PHONE	

20__		20__		20__		20__		20__	
S	R	S	R	S	R	S	R	S	R
20__		20__		20__		20__		20__	
S	R	S	R	S	R	S	R	S	R

A

NAME	
ADDRESS	
EMAIL/PHONE	

20__		20__		20__		20__		20__	
S	R	S	R	S	R	S	R	S	R
20__		20__		20__		20__		20__	
S	R	S	R	S	R	S	R	S	R

NAME	
ADDRESS	
EMAIL/PHONE	

20__		20__		20__		20__		20__	
S	R	S	R	S	R	S	R	S	R
20__		20__		20__		20__		20__	
S	R	S	R	S	R	S	R	S	R

NAME	
ADDRESS	
EMAIL/PHONE	

20__		20__		20__		20__		20__	
S	R	S	R	S	R	S	R	S	R
20__		20__		20__		20__		20__	
S	R	S	R	S	R	S	R	S	R

NAME	
ADDRESS	
EMAIL/PHONE	

20__		20__		20__		20__		20__	
S	R	S	R	S	R	S	R	S	R
20__		20__		20__		20__		20__	
S	R	S	R	S	R	S	R	S	R

A

NAME	
ADDRESS	
EMAIL/PHONE	

20__		20__		20__		20__		20__	
S	R	S	R	S	R	S	R	S	R
20__		20__		20__		20__		20__	
S	R	S	R	S	R	S	R	S	R

NAME	
ADDRESS	
EMAIL/PHONE	

20__		20__		20__		20__		20__	
S	R	S	R	S	R	S	R	S	R
20__		20__		20__		20__		20__	
S	R	S	R	S	R	S	R	S	R

NAME	
ADDRESS	
EMAIL/PHONE	

20__		20__		20__		20__		20__	
S	R	S	R	S	R	S	R	S	R
20__		20__		20__		20__		20__	
S	R	S	R	S	R	S	R	S	R

NAME	
ADDRESS	
EMAIL/PHONE	

20__		20__		20__		20__		20__	
S	R	S	R	S	R	S	R	S	R
20__		20__		20__		20__		20__	
S	R	S	R	S	R	S	R	S	R

B

NAME	
ADDRESS	
EMAIL/PHONE	

20__		20__		20__		20__		20__	
S	R	S	R	S	R	S	R	S	R
20__		20__		20__		20__		20__	
S	R	S	R	S	R	S	R	S	R

NAME	
ADDRESS	
EMAIL/PHONE	

20__		20__		20__		20__		20__	
S	R	S	R	S	R	S	R	S	R
20__		20__		20__		20__		20__	
S	R	S	R	S	R	S	R	S	R

NAME	
ADDRESS	
EMAIL/PHONE	

20__		20__		20__		20__		20__	
S	R	S	R	S	R	S	R	S	R
20__		20__		20__		20__		20__	
S	R	S	R	S	R	S	R	S	R

NAME	
ADDRESS	
EMAIL/PHONE	

20__		20__		20__		20__		20__	
S	R	S	R	S	R	S	R	S	R
20__		20__		20__		20__		20__	
S	R	S	R	S	R	S	R	S	R

B

NAME	
ADDRESS	
EMAIL/PHONE	

20__		20__		20__		20__		20__	
S	R	S	R	S	R	S	R	S	R
20__		20__		20__		20__		20__	
S	R	S	R	S	R	S	R	S	R

NAME	
ADDRESS	
EMAIL/PHONE	

20__		20__		20__		20__		20__	
S	R	S	R	S	R	S	R	S	R
20__		20__		20__		20__		20__	
S	R	S	R	S	R	S	R	S	R

NAME	
ADDRESS	
EMAIL/PHONE	

20__		20__		20__		20__		20__	
S	R	S	R	S	R	S	R	S	R
20__		20__		20__		20__		20__	
S	R	S	R	S	R	S	R	S	R

NAME	
ADDRESS	
EMAIL/PHONE	

20__		20__		20__		20__		20__	
S	R	S	R	S	R	S	R	S	R
20__		20__		20__		20__		20__	
S	R	S	R	S	R	S	R	S	R

B

NAME	
ADDRESS	
EMAIL/PHONE	

20__		20__		20__		20__		20__	
S	R	S	R	S	R	S	R	S	R
20__		20__		20__		20__		20__	
S	R	S	R	S	R	S	R	S	R

NAME	
ADDRESS	
EMAIL/PHONE	

20__		20__		20__		20__		20__	
S	R	S	R	S	R	S	R	S	R
20__		20__		20__		20__		20__	
S	R	S	R	S	R	S	R	S	R

NAME	
ADDRESS	
EMAIL/PHONE	

20__		20__		20__		20__		20__	
S	R	S	R	S	R	S	R	S	R
20__		20__		20__		20__		20__	
S	R	S	R	S	R	S	R	S	R

NAME	
ADDRESS	
EMAIL/PHONE	

20__		20__		20__		20__		20__	
S	R	S	R	S	R	S	R	S	R
20__		20__		20__		20__		20__	
S	R	S	R	S	R	S	R	S	R

B

NAME	
ADDRESS	
EMAIL/PHONE	

20___		20___		20___		20___		20___	
S	R	S	R	S	R	S	R	S	R
20___		20___		20___		20___		20___	
S	R	S	R	S	R	S	R	S	R

NAME	
ADDRESS	
EMAIL/PHONE	

20___		20___		20___		20___		20___	
S	R	S	R	S	R	S	R	S	R
20___		20___		20___		20___		20___	
S	R	S	R	S	R	S	R	S	R

NAME	
ADDRESS	
EMAIL/PHONE	

20___		20___		20___		20___		20___	
S	R	S	R	S	R	S	R	S	R
20___		20___		20___		20___		20___	
S	R	S	R	S	R	S	R	S	R

NAME	
ADDRESS	
EMAIL/PHONE	

20___		20___		20___		20___		20___	
S	R	S	R	S	R	S	R	S	R
20___		20___		20___		20___		20___	
S	R	S	R	S	R	S	R	S	R

B

NAME	
ADDRESS	
EMAIL/PHONE	

20__		20__		20__		20__		20__	
S	R	S	R	S	R	S	R	S	R
20__		20__		20__		20__		20__	
S	R	S	R	S	R	S	R	S	R

NAME	
ADDRESS	
EMAIL/PHONE	

20__		20__		20__		20__		20__	
S	R	S	R	S	R	S	R	S	R
20__		20__		20__		20__		20__	
S	R	S	R	S	R	S	R	S	R

NAME	
ADDRESS	
EMAIL/PHONE	

20__		20__		20__		20__		20__	
S	R	S	R	S	R	S	R	S	R
20__		20__		20__		20__		20__	
S	R	S	R	S	R	S	R	S	R

NAME	
ADDRESS	
EMAIL/PHONE	

20__		20__		20__		20__		20__	
S	R	S	R	S	R	S	R	S	R
20__		20__		20__		20__		20__	
S	R	S	R	S	R	S	R	S	R

B

NAME	
ADDRESS	
EMAIL/PHONE	

20__		20__		20__		20__		20__	
S	R	S	R	S	R	S	R	S	R
20__		20__		20__		20__		20__	
S	R	S	R	S	R	S	R	S	R

NAME	
ADDRESS	
EMAIL/PHONE	

20__		20__		20__		20__		20__	
S	R	S	R	S	R	S	R	S	R
20__		20__		20__		20__		20__	
S	R	S	R	S	R	S	R	S	R

NAME	
ADDRESS	
EMAIL/PHONE	

20__		20__		20__		20__		20__	
S	R	S	R	S	R	S	R	S	R
20__		20__		20__		20__		20__	
S	R	S	R	S	R	S	R	S	R

NAME	
ADDRESS	
EMAIL/PHONE	

20__		20__		20__		20__		20__	
S	R	S	R	S	R	S	R	S	R
20__		20__		20__		20__		20__	
S	R	S	R	S	R	S	R	S	R

C

NAME	
ADDRESS	
EMAIL/PHONE	

20__		20__		20__		20__		20__	
S	R	S	R	S	R	S	R	S	R
20__		20__		20__		20__		20__	
S	R	S	R	S	R	S	R	S	R

NAME	
ADDRESS	
EMAIL/PHONE	

20__		20__		20__		20__		20__	
S	R	S	R	S	R	S	R	S	R
20__		20__		20__		20__		20__	
S	R	S	R	S	R	S	R	S	R

NAME	
ADDRESS	
EMAIL/PHONE	

20__		20__		20__		20__		20__	
S	R	S	R	S	R	S	R	S	R
20__		20__		20__		20__		20__	
S	R	S	R	S	R	S	R	S	R

NAME	
ADDRESS	
EMAIL/PHONE	

20__		20__		20__		20__		20__	
S	R	S	R	S	R	S	R	S	R
20__		20__		20__		20__		20__	
S	R	S	R	S	R	S	R	S	R

C

NAME	
ADDRESS	
EMAIL/PHONE	

20___		20___		20___		20___		20___	
S	R	S	R	S	R	S	R	S	R
20___		20___		20___		20___		20___	
S	R	S	R	S	R	S	R	S	R

NAME	
ADDRESS	
EMAIL/PHONE	

20___		20___		20___		20___		20___	
S	R	S	R	S	R	S	R	S	R
20___		20___		20___		20___		20___	
S	R	S	R	S	R	S	R	S	R

NAME	
ADDRESS	
EMAIL/PHONE	

20___		20___		20___		20___		20___	
S	R	S	R	S	R	S	R	S	R
20___		20___		20___		20___		20___	
S	R	S	R	S	R	S	R	S	R

NAME	
ADDRESS	
EMAIL/PHONE	

20___		20___		20___		20___		20___	
S	R	S	R	S	R	S	R	S	R
20___		20___		20___		20___		20___	
S	R	S	R	S	R	S	R	S	R

C

NAME	
ADDRESS	
EMAIL/PHONE	

20___		20___		20___		20___		20___	
S	R	S	R	S	R	S	R	S	R
20___		20___		20___		20___		20___	
S	R	S	R	S	R	S	R	S	R

NAME	
ADDRESS	
EMAIL/PHONE	

20___		20___		20___		20___		20___	
S	R	S	R	S	R	S	R	S	R
20___		20___		20___		20___		20___	
S	R	S	R	S	R	S	R	S	R

NAME	
ADDRESS	
EMAIL/PHONE	

20___		20___		20___		20___		20___	
S	R	S	R	S	R	S	R	S	R
20___		20___		20___		20___		20___	
S	R	S	R	S	R	S	R	S	R

NAME	
ADDRESS	
EMAIL/PHONE	

20___		20___		20___		20___		20___	
S	R	S	R	S	R	S	R	S	R
20___		20___		20___		20___		20___	
S	R	S	R	S	R	S	R	S	R

C

NAME									
ADDRESS									
EMAIL/PHONE									

20___		20___		20___		20___		20___	
S	R	S	R	S	R	S	R	S	R
20___		20___		20___		20___		20___	
S	R	S	R	S	R	S	R	S	R

NAME									
ADDRESS									
EMAIL/PHONE									

20___		20___		20___		20___		20___	
S	R	S	R	S	R	S	R	S	R
20___		20___		20___		20___		20___	
S	R	S	R	S	R	S	R	S	R

NAME									
ADDRESS									
EMAIL/PHONE									

20___		20___		20___		20___		20___	
S	R	S	R	S	R	S	R	S	R
20___		20___		20___		20___		20___	
S	R	S	R	S	R	S	R	S	R

NAME									
ADDRESS									
EMAIL/PHONE									

20___		20___		20___		20___		20___	
S	R	S	R	S	R	S	R	S	R
20___		20___		20___		20___		20___	
S	R	S	R	S	R	S	R	S	R

C

NAME	
ADDRESS	
EMAIL/PHONE	

20__		20__		20__		20__		20__	
S	R	S	R	S	R	S	R	S	R
20__		20__		20__		20__		20__	
S	R	S	R	S	R	S	R	S	R

NAME	
ADDRESS	
EMAIL/PHONE	

20__		20__		20__		20__		20__	
S	R	S	R	S	R	S	R	S	R
20__		20__		20__		20__		20__	
S	R	S	R	S	R	S	R	S	R

NAME	
ADDRESS	
EMAIL/PHONE	

20__		20__		20__		20__		20__	
S	R	S	R	S	R	S	R	S	R
20__		20__		20__		20__		20__	
S	R	S	R	S	R	S	R	S	R

NAME	
ADDRESS	
EMAIL/PHONE	

20__		20__		20__		20__		20__	
S	R	S	R	S	R	S	R	S	R
20__		20__		20__		20__		20__	
S	R	S	R	S	R	S	R	S	R

C

NAME									
ADDRESS									
EMAIL/PHONE									

20__		20__		20__		20__		20__	
S	R	S	R	S	R	S	R	S	R
20__		20__		20__		20__		20__	
S	R	S	R	S	R	S	R	S	R

NAME									
ADDRESS									
EMAIL/PHONE									

20__		20__		20__		20__		20__	
S	R	S	R	S	R	S	R	S	R
20__		20__		20__		20__		20__	
S	R	S	R	S	R	S	R	S	R

NAME									
ADDRESS									
EMAIL/PHONE									

20__		20__		20__		20__		20__	
S	R	S	R	S	R	S	R	S	R
20__		20__		20__		20__		20__	
S	R	S	R	S	R	S	R	S	R

NAME									
ADDRESS									
EMAIL/PHONE									

20__		20__		20__		20__		20__	
S	R	S	R	S	R	S	R	S	R
20__		20__		20__		20__		20__	
S	R	S	R	S	R	S	R	S	R

D

NAME	
ADDRESS	
EMAIL/PHONE	

20__		20__		20__		20__		20__	
S	R	S	R	S	R	S	R	S	R
20__		20__		20__		20__		20__	
S	R	S	R	S	R	S	R	S	R

NAME	
ADDRESS	
EMAIL/PHONE	

20__		20__		20__		20__		20__	
S	R	S	R	S	R	S	R	S	R
20__		20__		20__		20__		20__	
S	R	S	R	S	R	S	R	S	R

NAME	
ADDRESS	
EMAIL/PHONE	

20__		20__		20__		20__		20__	
S	R	S	R	S	R	S	R	S	R
20__		20__		20__		20__		20__	
S	R	S	R	S	R	S	R	S	R

NAME	
ADDRESS	
EMAIL/PHONE	

20__		20__		20__		20__		20__	
S	R	S	R	S	R	S	R	S	R
20__		20__		20__		20__		20__	
S	R	S	R	S	R	S	R	S	R

D

NAME	
ADDRESS	
EMAIL/PHONE	

20__		20__		20__		20__		20__	
S	R	S	R	S	R	S	R	S	R
20__		20__		20__		20__		20__	
S	R	S	R	S	R	S	R	S	R

NAME	
ADDRESS	
EMAIL/PHONE	

20__		20__		20__		20__		20__	
S	R	S	R	S	R	S	R	S	R
20__		20__		20__		20__		20__	
S	R	S	R	S	R	S	R	S	R

NAME	
ADDRESS	
EMAIL/PHONE	

20__		20__		20__		20__		20__	
S	R	S	R	S	R	S	R	S	R
20__		20__		20__		20__		20__	
S	R	S	R	S	R	S	R	S	R

NAME	
ADDRESS	
EMAIL/PHONE	

20__		20__		20__		20__		20__	
S	R	S	R	S	R	S	R	S	R
20__		20__		20__		20__		20__	
S	R	S	R	S	R	S	R	S	R

D

NAME	
ADDRESS	
EMAIL/PHONE	

20___		20___		20___		20___		20___	
S	R	S	R	S	R	S	R	S	R
20___		20___		20___		20___		20___	
S	R	S	R	S	R	S	R	S	R

NAME	
ADDRESS	
EMAIL/PHONE	

20___		20___		20___		20___		20___	
S	R	S	R	S	R	S	R	S	R
20___		20___		20___		20___		20___	
S	R	S	R	S	R	S	R	S	R

NAME	
ADDRESS	
EMAIL/PHONE	

20___		20___		20___		20___		20___	
S	R	S	R	S	R	S	R	S	R
20___		20___		20___		20___		20___	
S	R	S	R	S	R	S	R	S	R

NAME	
ADDRESS	
EMAIL/PHONE	

20___		20___		20___		20___		20___	
S	R	S	R	S	R	S	R	S	R
20___		20___		20___		20___		20___	
S	R	S	R	S	R	S	R	S	R

D

NAME	
ADDRESS	
EMAIL/PHONE	

20__		20__		20__		20__		20__	
S	R	S	R	S	R	S	R	S	R
20__		20__		20__		20__		20__	
S	R	S	R	S	R	S	R	S	R

NAME	
ADDRESS	
EMAIL/PHONE	

20__		20__		20__		20__		20__	
S	R	S	R	S	R	S	R	S	R
20__		20__		20__		20__		20__	
S	R	S	R	S	R	S	R	S	R

NAME	
ADDRESS	
EMAIL/PHONE	

20__		20__		20__		20__		20__	
S	R	S	R	S	R	S	R	S	R
20__		20__		20__		20__		20__	
S	R	S	R	S	R	S	R	S	R

NAME	
ADDRESS	
EMAIL/PHONE	

20__		20__		20__		20__		20__	
S	R	S	R	S	R	S	R	S	R
20__		20__		20__		20__		20__	
S	R	S	R	S	R	S	R	S	R

D

NAME	
ADDRESS	
EMAIL/PHONE	

20__		20__		20__		20__		20__	
S	R	S	R	S	R	S	R	S	R
20__		20__		20__		20__		20__	
S	R	S	R	S	R	S	R	S	R

NAME	
ADDRESS	
EMAIL/PHONE	

20__		20__		20__		20__		20__	
S	R	S	R	S	R	S	R	S	R
20__		20__		20__		20__		20__	
S	R	S	R	S	R	S	R	S	R

NAME	
ADDRESS	
EMAIL/PHONE	

20__		20__		20__		20__		20__	
S	R	S	R	S	R	S	R	S	R
20__		20__		20__		20__		20__	
S	R	S	R	S	R	S	R	S	R

NAME	
ADDRESS	
EMAIL/PHONE	

20__		20__		20__		20__		20__	
S	R	S	R	S	R	S	R	S	R
20__		20__		20__		20__		20__	
S	R	S	R	S	R	S	R	S	R

D

NAME	
ADDRESS	
EMAIL/PHONE	

20___		20___		20___		20___		20___	
S	R	S	R	S	R	S	R	S	R
20___		20___		20___		20___		20___	
S	R	S	R	S	R	S	R	S	R

NAME	
ADDRESS	
EMAIL/PHONE	

20___		20___		20___		20___		20___	
S	R	S	R	S	R	S	R	S	R
20___		20___		20___		20___		20___	
S	R	S	R	S	R	S	R	S	R

NAME	
ADDRESS	
EMAIL/PHONE	

20___		20___		20___		20___		20___	
S	R	S	R	S	R	S	R	S	R
20___		20___		20___		20___		20___	
S	R	S	R	S	R	S	R	S	R

NAME	
ADDRESS	
EMAIL/PHONE	

20___		20___		20___		20___		20___	
S	R	S	R	S	R	S	R	S	R
20___		20___		20___		20___		20___	
S	R	S	R	S	R	S	R	S	R

E

NAME	
ADDRESS	
EMAIL/PHONE	

20___		20___		20___		20___		20___	
S	R	S	R	S	R	S	R	S	R
20___		20___		20___		20___		20___	
S	R	S	R	S	R	S	R	S	R

NAME	
ADDRESS	
EMAIL/PHONE	

20___		20___		20___		20___		20___	
S	R	S	R	S	R	S	R	S	R
20___		20___		20___		20___		20___	
S	R	S	R	S	R	S	R	S	R

NAME	
ADDRESS	
EMAIL/PHONE	

20___		20___		20___		20___		20___	
S	R	S	R	S	R	S	R	S	R
20___		20___		20___		20___		20___	
S	R	S	R	S	R	S	R	S	R

NAME	
ADDRESS	
EMAIL/PHONE	

20___		20___		20___		20___		20___	
S	R	S	R	S	R	S	R	S	R
20___		20___		20___		20___		20___	
S	R	S	R	S	R	S	R	S	R

E

NAME	
ADDRESS	
EMAIL/PHONE	

20___		20___		20___		20___		20___	
S	R	S	R	S	R	S	R	S	R
20___		20___		20___		20___		20___	
S	R	S	R	S	R	S	R	S	R

NAME	
ADDRESS	
EMAIL/PHONE	

20___		20___		20___		20___		20___	
S	R	S	R	S	R	S	R	S	R
20___		20___		20___		20___		20___	
S	R	S	R	S	R	S	R	S	R

NAME	
ADDRESS	
EMAIL/PHONE	

20___		20___		20___		20___		20___	
S	R	S	R	S	R	S	R	S	R
20___		20___		20___		20___		20___	
S	R	S	R	S	R	S	R	S	R

NAME	
ADDRESS	
EMAIL/PHONE	

20___		20___		20___		20___		20___	
S	R	S	R	S	R	S	R	S	R
20___		20___		20___		20___		20___	
S	R	S	R	S	R	S	R	S	R

E

NAME	
ADDRESS	
EMAIL/PHONE	

20		20		20		20		20	
S	R	S	R	S	R	S	R	S	R
20		20		20		20		20	
S	R	S	R	S	R	S	R	S	R

NAME	
ADDRESS	
EMAIL/PHONE	

20		20		20		20		20	
S	R	S	R	S	R	S	R	S	R
20		20		20		20		20	
S	R	S	R	S	R	S	R	S	R

NAME	
ADDRESS	
EMAIL/PHONE	

20		20		20		20		20	
S	R	S	R	S	R	S	R	S	R
20		20		20		20		20	
S	R	S	R	S	R	S	R	S	R

NAME	
ADDRESS	
EMAIL/PHONE	

20		20		20		20		20	
S	R	S	R	S	R	S	R	S	R
20		20		20		20		20	
S	R	S	R	S	R	S	R	S	R

E

NAME	
ADDRESS	
EMAIL/PHONE	

20___		20___		20___		20___		20___	
S	R	S	R	S	R	S	R	S	R
20___		20___		20___		20___		20___	
S	R	S	R	S	R	S	R	S	R

NAME	
ADDRESS	
EMAIL/PHONE	

20___		20___		20___		20___		20___	
S	R	S	R	S	R	S	R	S	R
20___		20___		20___		20___		20___	
S	R	S	R	S	R	S	R	S	R

NAME	
ADDRESS	
EMAIL/PHONE	

20___		20___		20___		20___		20___	
S	R	S	R	S	R	S	R	S	R
20___		20___		20___		20___		20___	
S	R	S	R	S	R	S	R	S	R

NAME	
ADDRESS	
EMAIL/PHONE	

20___		20___		20___		20___		20___	
S	R	S	R	S	R	S	R	S	R
20___		20___		20___		20___		20___	
S	R	S	R	S	R	S	R	S	R

E

NAME	
ADDRESS	
EMAIL/PHONE	

20__		20__		20__		20__		20__	
S	R	S	R	S	R	S	R	S	R
20__		20__		20__		20__		20__	
S	R	S	R	S	R	S	R	S	R

NAME	
ADDRESS	
EMAIL/PHONE	

20__		20__		20__		20__		20__	
S	R	S	R	S	R	S	R	S	R
20__		20__		20__		20__		20__	
S	R	S	R	S	R	S	R	S	R

NAME	
ADDRESS	
EMAIL/PHONE	

20__		20__		20__		20__		20__	
S	R	S	R	S	R	S	R	S	R
20__		20__		20__		20__		20__	
S	R	S	R	S	R	S	R	S	R

NAME	
ADDRESS	
EMAIL/PHONE	

20__		20__		20__		20__		20__	
S	R	S	R	S	R	S	R	S	R
20__		20__		20__		20__		20__	
S	R	S	R	S	R	S	R	S	R

E

NAME	
ADDRESS	
EMAIL/PHONE	

20__		20__		20__		20__		20__	
S	R	S	R	S	R	S	R	S	R
20__		20__		20__		20__		20__	
S	R	S	R	S	R	S	R	S	R

NAME	
ADDRESS	
EMAIL/PHONE	

20__		20__		20__		20__		20__	
S	R	S	R	S	R	S	R	S	R
20__		20__		20__		20__		20__	
S	R	S	R	S	R	S	R	S	R

NAME	
ADDRESS	
EMAIL/PHONE	

20__		20__		20__		20__		20__	
S	R	S	R	S	R	S	R	S	R
20__		20__		20__		20__		20__	
S	R	S	R	S	R	S	R	S	R

NAME	
ADDRESS	
EMAIL/PHONE	

20__		20__		20__		20__		20__	
S	R	S	R	S	R	S	R	S	R
20__		20__		20__		20__		20__	
S	R	S	R	S	R	S	R	S	R

F

NAME	
ADDRESS	
EMAIL/PHONE	

20__		20__		20__		20__		20__	
S	R	S	R	S	R	S	R	S	R
20__		20__		20__		20__		20__	
S	R	S	R	S	R	S	R	S	R

NAME	
ADDRESS	
EMAIL/PHONE	

20__		20__		20__		20__		20__	
S	R	S	R	S	R	S	R	S	R
20__		20__		20__		20__		20__	
S	R	S	R	S	R	S	R	S	R

NAME	
ADDRESS	
EMAIL/PHONE	

20__		20__		20__		20__		20__	
S	R	S	R	S	R	S	R	S	R
20__		20__		20__		20__		20__	
S	R	S	R	S	R	S	R	S	R

NAME	
ADDRESS	
EMAIL/PHONE	

20__		20__		20__		20__		20__	
S	R	S	R	S	R	S	R	S	R
20__		20__		20__		20__		20__	
S	R	S	R	S	R	S	R	S	R

F

NAME	
ADDRESS	
EMAIL/PHONE	

20__		20__		20__		20__		20__	
S	R	S	R	S	R	S	R	S	R
20__		20__		20__		20__		20__	
S	R	S	R	S	R	S	R	S	R

NAME	
ADDRESS	
EMAIL/PHONE	

20__		20__		20__		20__		20__	
S	R	S	R	S	R	S	R	S	R
20__		20__		20__		20__		20__	
S	R	S	R	S	R	S	R	S	R

NAME	
ADDRESS	
EMAIL/PHONE	

20__		20__		20__		20__		20__	
S	R	S	R	S	R	S	R	S	R
20__		20__		20__		20__		20__	
S	R	S	R	S	R	S	R	S	R

NAME	
ADDRESS	
EMAIL/PHONE	

20__		20__		20__		20__		20__	
S	R	S	R	S	R	S	R	S	R
20__		20__		20__		20__		20__	
S	R	S	R	S	R	S	R	S	R

F

NAME	
ADDRESS	
EMAIL/PHONE	

20___		20___		20___		20___		20___	
S	R	S	R	S	R	S	R	S	R
20___		20___		20___		20___		20___	
S	R	S	R	S	R	S	R	S	R

NAME	
ADDRESS	
EMAIL/PHONE	

20___		20___		20___		20___		20___	
S	R	S	R	S	R	S	R	S	R
20___		20___		20___		20___		20___	
S	R	S	R	S	R	S	R	S	R

NAME	
ADDRESS	
EMAIL/PHONE	

20___		20___		20___		20___		20___	
S	R	S	R	S	R	S	R	S	R
20___		20___		20___		20___		20___	
S	R	S	R	S	R	S	R	S	R

NAME	
ADDRESS	
EMAIL/PHONE	

20___		20___		20___		20___		20___	
S	R	S	R	S	R	S	R	S	R
20___		20___		20___		20___		20___	
S	R	S	R	S	R	S	R	S	R

F

NAME	
ADDRESS	
EMAIL/PHONE	

20__		20__		20__		20__		20__	
S	R	S	R	S	R	S	R	S	R

20__		20__		20__		20__		20__	
S	R	S	R	S	R	S	R	S	R

NAME	
ADDRESS	
EMAIL/PHONE	

20__		20__		20__		20__		20__	
S	R	S	R	S	R	S	R	S	R

20__		20__		20__		20__		20__	
S	R	S	R	S	R	S	R	S	R

NAME	
ADDRESS	
EMAIL/PHONE	

20__		20__		20__		20__		20__	
S	R	S	R	S	R	S	R	S	R

20__		20__		20__		20__		20__	
S	R	S	R	S	R	S	R	S	R

NAME	
ADDRESS	
EMAIL/PHONE	

20__		20__		20__		20__		20__	
S	R	S	R	S	R	S	R	S	R

20__		20__		20__		20__		20__	
S	R	S	R	S	R	S	R	S	R

F

NAME	
ADDRESS	
EMAIL/PHONE	

20__		20__		20__		20__		20__	
S	R	S	R	S	R	S	R	S	R
20__		20__		20__		20__		20__	
S	R	S	R	S	R	S	R	S	R

NAME	
ADDRESS	
EMAIL/PHONE	

20__		20__		20__		20__		20__	
S	R	S	R	S	R	S	R	S	R
20__		20__		20__		20__		20__	
S	R	S	R	S	R	S	R	S	R

NAME	
ADDRESS	
EMAIL/PHONE	

20__		20__		20__		20__		20__	
S	R	S	R	S	R	S	R	S	R
20__		20__		20__		20__		20__	
S	R	S	R	S	R	S	R	S	R

NAME	
ADDRESS	
EMAIL/PHONE	

20__		20__		20__		20__		20__	
S	R	S	R	S	R	S	R	S	R
20__		20__		20__		20__		20__	
S	R	S	R	S	R	S	R	S	R

F

NAME	
ADDRESS	
EMAIL/PHONE	

20__		20__		20__		20__		20__	
S	R	S	R	S	R	S	R	S	R
20__		20__		20__		20__		20__	
S	R	S	R	S	R	S	R	S	R

NAME	
ADDRESS	
EMAIL/PHONE	

20__		20__		20__		20__		20__	
S	R	S	R	S	R	S	R	S	R
20__		20__		20__		20__		20__	
S	R	S	R	S	R	S	R	S	R

NAME	
ADDRESS	
EMAIL/PHONE	

20__		20__		20__		20__		20__	
S	R	S	R	S	R	S	R	S	R
20__		20__		20__		20__		20__	
S	R	S	R	S	R	S	R	S	R

NAME	
ADDRESS	
EMAIL/PHONE	

20__		20__		20__		20__		20__	
S	R	S	R	S	R	S	R	S	R
20__		20__		20__		20__		20__	
S	R	S	R	S	R	S	R	S	R

G

NAME	
ADDRESS	
EMAIL/PHONE	

20___		20___		20___		20___		20___	
S	R	S	R	S	R	S	R	S	R
20___		20___		20___		20___		20___	
S	R	S	R	S	R	S	R	S	R

NAME	
ADDRESS	
EMAIL/PHONE	

20___		20___		20___		20___		20___	
S	R	S	R	S	R	S	R	S	R
20___		20___		20___		20___		20___	
S	R	S	R	S	R	S	R	S	R

NAME	
ADDRESS	
EMAIL/PHONE	

20___		20___		20___		20___		20___	
S	R	S	R	S	R	S	R	S	R
20___		20___		20___		20___		20___	
S	R	S	R	S	R	S	R	S	R

NAME	
ADDRESS	
EMAIL/PHONE	

20___		20___		20___		20___		20___	
S	R	S	R	S	R	S	R	S	R
20___		20___		20___		20___		20___	
S	R	S	R	S	R	S	R	S	R

G

NAME	
ADDRESS	
EMAIL/PHONE	

20__		20__		20__		20__		20__	
S	R	S	R	S	R	S	R	S	R
20__		20__		20__		20__		20__	
S	R	S	R	S	R	S	R	S	R

NAME	
ADDRESS	
EMAIL/PHONE	

20__		20__		20__		20__		20__	
S	R	S	R	S	R	S	R	S	R
20__		20__		20__		20__		20__	
S	R	S	R	S	R	S	R	S	R

NAME	
ADDRESS	
EMAIL/PHONE	

20__		20__		20__		20__		20__	
S	R	S	R	S	R	S	R	S	R
20__		20__		20__		20__		20__	
S	R	S	R	S	R	S	R	S	R

NAME	
ADDRESS	
EMAIL/PHONE	

20__		20__		20__		20__		20__	
S	R	S	R	S	R	S	R	S	R
20__		20__		20__		20__		20__	
S	R	S	R	S	R	S	R	S	R

G

NAME	
ADDRESS	
EMAIL/PHONE	

20__		20__		20__		20__		20__	
S	R	S	R	S	R	S	R	S	R
20__		20__		20__		20__		20__	
S	R	S	R	S	R	S	R	S	R

NAME	
ADDRESS	
EMAIL/PHONE	

20__		20__		20__		20__		20__	
S	R	S	R	S	R	S	R	S	R
20__		20__		20__		20__		20__	
S	R	S	R	S	R	S	R	S	R

NAME	
ADDRESS	
EMAIL/PHONE	

20__		20__		20__		20__		20__	
S	R	S	R	S	R	S	R	S	R
20__		20__		20__		20__		20__	
S	R	S	R	S	R	S	R	S	R

NAME	
ADDRESS	
EMAIL/PHONE	

20__		20__		20__		20__		20__	
S	R	S	R	S	R	S	R	S	R
20__		20__		20__		20__		20__	
S	R	S	R	S	R	S	R	S	R

G

NAME	
ADDRESS	
EMAIL/PHONE	

20		20		20		20		20	
S	R	S	R	S	R	S	R	S	R
20		20		20		20		20	
S	R	S	R	S	R	S	R	S	R

NAME	
ADDRESS	
EMAIL/PHONE	

20		20		20		20		20	
S	R	S	R	S	R	S	R	S	R
20		20		20		20		20	
S	R	S	R	S	R	S	R	S	R

NAME	
ADDRESS	
EMAIL/PHONE	

20		20		20		20		20	
S	R	S	R	S	R	S	R	S	R
20		20		20		20		20	
S	R	S	R	S	R	S	R	S	R

NAME	
ADDRESS	
EMAIL/PHONE	

20		20		20		20		20	
S	R	S	R	S	R	S	R	S	R
20		20		20		20		20	
S	R	S	R	S	R	S	R	S	R

G

NAME	
ADDRESS	
EMAIL/PHONE	

20___		20___		20___		20___		20___	
S	R	S	R	S	R	S	R	S	R
20___		20___		20___		20___		20___	
S	R	S	R	S	R	S	R	S	R

NAME	
ADDRESS	
EMAIL/PHONE	

20___		20___		20___		20___		20___	
S	R	S	R	S	R	S	R	S	R
20___		20___		20___		20___		20___	
S	R	S	R	S	R	S	R	S	R

NAME	
ADDRESS	
EMAIL/PHONE	

20___		20___		20___		20___		20___	
S	R	S	R	S	R	S	R	S	R
20___		20___		20___		20___		20___	
S	R	S	R	S	R	S	R	S	R

NAME	
ADDRESS	
EMAIL/PHONE	

20___		20___		20___		20___		20___	
S	R	S	R	S	R	S	R	S	R
20___		20___		20___		20___		20___	
S	R	S	R	S	R	S	R	S	R

G

NAME	
ADDRESS	
EMAIL/PHONE	

20__		20__		20__		20__		20__	
S	R	S	R	S	R	S	R	S	R
20__		20__		20__		20__		20__	
S	R	S	R	S	R	S	R	S	R

NAME	
ADDRESS	
EMAIL/PHONE	

20__		20__		20__		20__		20__	
S	R	S	R	S	R	S	R	S	R
20__		20__		20__		20__		20__	
S	R	S	R	S	R	S	R	S	R

NAME	
ADDRESS	
EMAIL/PHONE	

20__		20__		20__		20__		20__	
S	R	S	R	S	R	S	R	S	R
20__		20__		20__		20__		20__	
S	R	S	R	S	R	S	R	S	R

NAME	
ADDRESS	
EMAIL/PHONE	

20__		20__		20__		20__		20__	
S	R	S	R	S	R	S	R	S	R
20__		20__		20__		20__		20__	
S	R	S	R	S	R	S	R	S	R

H

NAME	
ADDRESS	
EMAIL/PHONE	

20__		20__		20__		20__		20__	
S	R	S	R	S	R	S	R	S	R
20__		20__		20__		20__		20__	
S	R	S	R	S	R	S	R	S	R

NAME	
ADDRESS	
EMAIL/PHONE	

20__		20__		20__		20__		20__	
S	R	S	R	S	R	S	R	S	R
20__		20__		20__		20__		20__	
S	R	S	R	S	R	S	R	S	R

NAME	
ADDRESS	
EMAIL/PHONE	

20__		20__		20__		20__		20__	
S	R	S	R	S	R	S	R	S	R
20__		20__		20__		20__		20__	
S	R	S	R	S	R	S	R	S	R

NAME	
ADDRESS	
EMAIL/PHONE	

20__		20__		20__		20__		20__	
S	R	S	R	S	R	S	R	S	R
20__		20__		20__		20__		20__	
S	R	S	R	S	R	S	R	S	R

H

NAME	
ADDRESS	
EMAIL/PHONE	

20__		20__		20__		20__		20__	
S	R	S	R	S	R	S	R	S	R
20__		20__		20__		20__		20__	
S	R	S	R	S	R	S	R	S	R

NAME	
ADDRESS	
EMAIL/PHONE	

20__		20__		20__		20__		20__	
S	R	S	R	S	R	S	R	S	R
20__		20__		20__		20__		20__	
S	R	S	R	S	R	S	R	S	R

NAME	
ADDRESS	
EMAIL/PHONE	

20__		20__		20__		20__		20__	
S	R	S	R	S	R	S	R	S	R
20__		20__		20__		20__		20__	
S	R	S	R	S	R	S	R	S	R

NAME	
ADDRESS	
EMAIL/PHONE	

20__		20__		20__		20__		20__	
S	R	S	R	S	R	S	R	S	R
20__		20__		20__		20__		20__	
S	R	S	R	S	R	S	R	S	R

H

NAME	
ADDRESS	
EMAIL/PHONE	

20__		20__		20__		20__		20__	
S	R	S	R	S	R	S	R	S	R
20__		20__		20__		20__		20__	
S	R	S	R	S	R	S	R	S	R

NAME	
ADDRESS	
EMAIL/PHONE	

20__		20__		20__		20__		20__	
S	R	S	R	S	R	S	R	S	R
20__		20__		20__		20__		20__	
S	R	S	R	S	R	S	R	S	R

NAME	
ADDRESS	
EMAIL/PHONE	

20__		20__		20__		20__		20__	
S	R	S	R	S	R	S	R	S	R
20__		20__		20__		20__		20__	
S	R	S	R	S	R	S	R	S	R

NAME	
ADDRESS	
EMAIL/PHONE	

20__		20__		20__		20__		20__	
S	R	S	R	S	R	S	R	S	R
20__		20__		20__		20__		20__	
S	R	S	R	S	R	S	R	S	R

H

NAME	
ADDRESS	
EMAIL/PHONE	

20__		20__		20__		20__		20__	
S	R	S	R	S	R	S	R	S	R
20__		20__		20__		20__		20__	
S	R	S	R	S	R	S	R	S	R

NAME	
ADDRESS	
EMAIL/PHONE	

20__		20__		20__		20__		20__	
S	R	S	R	S	R	S	R	S	R
20__		20__		20__		20__		20__	
S	R	S	R	S	R	S	R	S	R

NAME	
ADDRESS	
EMAIL/PHONE	

20__		20__		20__		20__		20__	
S	R	S	R	S	R	S	R	S	R
20__		20__		20__		20__		20__	
S	R	S	R	S	R	S	R	S	R

NAME	
ADDRESS	
EMAIL/PHONE	

20__		20__		20__		20__		20__	
S	R	S	R	S	R	S	R	S	R
20__		20__		20__		20__		20__	
S	R	S	R	S	R	S	R	S	R

H

NAME	
ADDRESS	
EMAIL/PHONE	

20__		20__		20__		20__		20__	
S	R	S	R	S	R	S	R	S	R
20__		20__		20__		20__		20__	
S	R	S	R	S	R	S	R	S	R

NAME	
ADDRESS	
EMAIL/PHONE	

20__		20__		20__		20__		20__	
S	R	S	R	S	R	S	R	S	R
20__		20__		20__		20__		20__	
S	R	S	R	S	R	S	R	S	R

NAME	
ADDRESS	
EMAIL/PHONE	

20__		20__		20__		20__		20__	
S	R	S	R	S	R	S	R	S	R
20__		20__		20__		20__		20__	
S	R	S	R	S	R	S	R	S	R

NAME	
ADDRESS	
EMAIL/PHONE	

20__		20__		20__		20__		20__	
S	R	S	R	S	R	S	R	S	R
20__		20__		20__		20__		20__	
S	R	S	R	S	R	S	R	S	R

H

NAME	
ADDRESS	
EMAIL/PHONE	

20__		20__		20__		20__		20__	
S	R	S	R	S	R	S	R	S	R
20__		20__		20__		20__		20__	
S	R	S	R	S	R	S	R	S	R

NAME	
ADDRESS	
EMAIL/PHONE	

20__		20__		20__		20__		20__	
S	R	S	R	S	R	S	R	S	R
20__		20__		20__		20__		20__	
S	R	S	R	S	R	S	R	S	R

NAME	
ADDRESS	
EMAIL/PHONE	

20__		20__		20__		20__		20__	
S	R	S	R	S	R	S	R	S	R
20__		20__		20__		20__		20__	
S	R	S	R	S	R	S	R	S	R

NAME	
ADDRESS	
EMAIL/PHONE	

20__		20__		20__		20__		20__	
S	R	S	R	S	R	S	R	S	R
20__		20__		20__		20__		20__	
S	R	S	R	S	R	S	R	S	R

I

NAME	
ADDRESS	
EMAIL/PHONE	

20__		20__		20__		20__		20__	
S	R	S	R	S	R	S	R	S	R
20__		20__		20__		20__		20__	
S	R	S	R	S	R	S	R	S	R

NAME	
ADDRESS	
EMAIL/PHONE	

20__		20__		20__		20__		20__	
S	R	S	R	S	R	S	R	S	R
20__		20__		20__		20__		20__	
S	R	S	R	S	R	S	R	S	R

NAME	
ADDRESS	
EMAIL/PHONE	

20__		20__		20__		20__		20__	
S	R	S	R	S	R	S	R	S	R
20__		20__		20__		20__		20__	
S	R	S	R	S	R	S	R	S	R

NAME	
ADDRESS	
EMAIL/PHONE	

20__		20__		20__		20__		20__	
S	R	S	R	S	R	S	R	S	R
20__		20__		20__		20__		20__	
S	R	S	R	S	R	S	R	S	R

NAME	
ADDRESS	
EMAIL/PHONE	

20__		20__		20__		20__		20__	
S	R	S	R	S	R	S	R	S	R
20__		20__		20__		20__		20__	
S	R	S	R	S	R	S	R	S	R

NAME	
ADDRESS	
EMAIL/PHONE	

20__		20__		20__		20__		20__	
S	R	S	R	S	R	S	R	S	R
20__		20__		20__		20__		20__	
S	R	S	R	S	R	S	R	S	R

NAME	
ADDRESS	
EMAIL/PHONE	

20__		20__		20__		20__		20__	
S	R	S	R	S	R	S	R	S	R
20__		20__		20__		20__		20__	
S	R	S	R	S	R	S	R	S	R

NAME	
ADDRESS	
EMAIL/PHONE	

20__		20__		20__		20__		20__	
S	R	S	R	S	R	S	R	S	R
20__		20__		20__		20__		20__	
S	R	S	R	S	R	S	R	S	R

I

NAME	
ADDRESS	
EMAIL/PHONE	

20__		20__		20__		20__		20__	
S	R	S	R	S	R	S	R	S	R
20__		20__		20__		20__		20__	
S	R	S	R	S	R	S	R	S	R

NAME	
ADDRESS	
EMAIL/PHONE	

20__		20__		20__		20__		20__	
S	R	S	R	S	R	S	R	S	R
20__		20__		20__		20__		20__	
S	R	S	R	S	R	S	R	S	R

NAME	
ADDRESS	
EMAIL/PHONE	

20__		20__		20__		20__		20__	
S	R	S	R	S	R	S	R	S	R
20__		20__		20__		20__		20__	
S	R	S	R	S	R	S	R	S	R

NAME	
ADDRESS	
EMAIL/PHONE	

20__		20__		20__		20__		20__	
S	R	S	R	S	R	S	R	S	R
20__		20__		20__		20__		20__	
S	R	S	R	S	R	S	R	S	R

NAME	
ADDRESS	
EMAIL/PHONE	

20__		20__		20__		20__		20__	
S	R	S	R	S	R	S	R	S	R
20__		20__		20__		20__		20__	
S	R	S	R	S	R	S	R	S	R

NAME	
ADDRESS	
EMAIL/PHONE	

20__		20__		20__		20__		20__	
S	R	S	R	S	R	S	R	S	R
20__		20__		20__		20__		20__	
S	R	S	R	S	R	S	R	S	R

NAME	
ADDRESS	
EMAIL/PHONE	

20__		20__		20__		20__		20__	
S	R	S	R	S	R	S	R	S	R
20__		20__		20__		20__		20__	
S	R	S	R	S	R	S	R	S	R

NAME	
ADDRESS	
EMAIL/PHONE	

20__		20__		20__		20__		20__	
S	R	S	R	S	R	S	R	S	R
20__		20__		20__		20__		20__	
S	R	S	R	S	R	S	R	S	R

I

NAME	
ADDRESS	
EMAIL/PHONE	

20__		20__		20__		20__		20__	
S	R	S	R	S	R	S	R	S	R
20__		20__		20__		20__		20__	
S	R	S	R	S	R	S	R	S	R

NAME	
ADDRESS	
EMAIL/PHONE	

20__		20__		20__		20__		20__	
S	R	S	R	S	R	S	R	S	R
20__		20__		20__		20__		20__	
S	R	S	R	S	R	S	R	S	R

NAME	
ADDRESS	
EMAIL/PHONE	

20__		20__		20__		20__		20__	
S	R	S	R	S	R	S	R	S	R
20__		20__		20__		20__		20__	
S	R	S	R	S	R	S	R	S	R

NAME	
ADDRESS	
EMAIL/PHONE	

20__		20__		20__		20__		20__	
S	R	S	R	S	R	S	R	S	R
20__		20__		20__		20__		20__	
S	R	S	R	S	R	S	R	S	R

NAME	
ADDRESS	
EMAIL/PHONE	

20__		20__		20__		20__		20__	
S	R	S	R	S	R	S	R	S	R

20__		20__		20__		20__		20__	
S	R	S	R	S	R	S	R	S	R

NAME	
ADDRESS	
EMAIL/PHONE	

20__		20__		20__		20__		20__	
S	R	S	R	S	R	S	R	S	R

20__		20__		20__		20__		20__	
S	R	S	R	S	R	S	R	S	R

NAME	
ADDRESS	
EMAIL/PHONE	

20__		20__		20__		20__		20__	
S	R	S	R	S	R	S	R	S	R

20__		20__		20__		20__		20__	
S	R	S	R	S	R	S	R	S	R

NAME	
ADDRESS	
EMAIL/PHONE	

20__		20__		20__		20__		20__	
S	R	S	R	S	R	S	R	S	R

20__		20__		20__		20__		20__	
S	R	S	R	S	R	S	R	S	R

J

NAME	
ADDRESS	
EMAIL/PHONE	

20___		20___		20___		20___		20___	
S	R	S	R	S	R	S	R	S	R
20___		20___		20___		20___		20___	
S	R	S	R	S	R	S	R	S	R

NAME	
ADDRESS	
EMAIL/PHONE	

20___		20___		20___		20___		20___	
S	R	S	R	S	R	S	R	S	R
20___		20___		20___		20___		20___	
S	R	S	R	S	R	S	R	S	R

NAME	
ADDRESS	
EMAIL/PHONE	

20___		20___		20___		20___		20___	
S	R	S	R	S	R	S	R	S	R
20___		20___		20___		20___		20___	
S	R	S	R	S	R	S	R	S	R

NAME	
ADDRESS	
EMAIL/PHONE	

20___		20___		20___		20___		20___	
S	R	S	R	S	R	S	R	S	R
20___		20___		20___		20___		20___	
S	R	S	R	S	R	S	R	S	R

J

NAME	
ADDRESS	
EMAIL/PHONE	

20__		20__		20__		20__		20__	
S	R	S	R	S	R	S	R	S	R
20__		20__		20__		20__		20__	
S	R	S	R	S	R	S	R	S	R

NAME	
ADDRESS	
EMAIL/PHONE	

20__		20__		20__		20__		20__	
S	R	S	R	S	R	S	R	S	R
20__		20__		20__		20__		20__	
S	R	S	R	S	R	S	R	S	R

NAME	
ADDRESS	
EMAIL/PHONE	

20__		20__		20__		20__		20__	
S	R	S	R	S	R	S	R	S	R
20__		20__		20__		20__		20__	
S	R	S	R	S	R	S	R	S	R

NAME	
ADDRESS	
EMAIL/PHONE	

20__		20__		20__		20__		20__	
S	R	S	R	S	R	S	R	S	R
20__		20__		20__		20__		20__	
S	R	S	R	S	R	S	R	S	R

J

NAME	
ADDRESS	
EMAIL/PHONE	

20___		20___		20___		20___		20___	
S	R	S	R	S	R	S	R	S	R
20___		20___		20___		20___		20___	
S	R	S	R	S	R	S	R	S	R

NAME	
ADDRESS	
EMAIL/PHONE	

20___		20___		20___		20___		20___	
S	R	S	R	S	R	S	R	S	R
20___		20___		20___		20___		20___	
S	R	S	R	S	R	S	R	S	R

NAME	
ADDRESS	
EMAIL/PHONE	

20___		20___		20___		20___		20___	
S	R	S	R	S	R	S	R	S	R
20___		20___		20___		20___		20___	
S	R	S	R	S	R	S	R	S	R

NAME	
ADDRESS	
EMAIL/PHONE	

20___		20___		20___		20___		20___	
S	R	S	R	S	R	S	R	S	R
20___		20___		20___		20___		20___	
S	R	S	R	S	R	S	R	S	R

J

NAME	
ADDRESS	
EMAIL/PHONE	

20__		20__		20__		20__		20__	
S	R	S	R	S	R	S	R	S	R
20__		20__		20__		20__		20__	
S	R	S	R	S	R	S	R	S	R

NAME	
ADDRESS	
EMAIL/PHONE	

20__		20__		20__		20__		20__	
S	R	S	R	S	R	S	R	S	R
20__		20__		20__		20__		20__	
S	R	S	R	S	R	S	R	S	R

NAME	
ADDRESS	
EMAIL/PHONE	

20__		20__		20__		20__		20__	
S	R	S	R	S	R	S	R	S	R
20__		20__		20__		20__		20__	
S	R	S	R	S	R	S	R	S	R

NAME	
ADDRESS	
EMAIL/PHONE	

20__		20__		20__		20__		20__	
S	R	S	R	S	R	S	R	S	R
20__		20__		20__		20__		20__	
S	R	S	R	S	R	S	R	S	R

J

NAME	
ADDRESS	
EMAIL/PHONE	

20__		20__		20__		20__		20__	
S	R	S	R	S	R	S	R	S	R
20__		20__		20__		20__		20__	
S	R	S	R	S	R	S	R	S	R

NAME	
ADDRESS	
EMAIL/PHONE	

20__		20__		20__		20__		20__	
S	R	S	R	S	R	S	R	S	R
20__		20__		20__		20__		20__	
S	R	S	R	S	R	S	R	S	R

NAME	
ADDRESS	
EMAIL/PHONE	

20__		20__		20__		20__		20__	
S	R	S	R	S	R	S	R	S	R
20__		20__		20__		20__		20__	
S	R	S	R	S	R	S	R	S	R

NAME	
ADDRESS	
EMAIL/PHONE	

20__		20__		20__		20__		20__	
S	R	S	R	S	R	S	R	S	R
20__		20__		20__		20__		20__	
S	R	S	R	S	R	S	R	S	R

J

NAME	
ADDRESS	
EMAIL/PHONE	

20__		20__		20__		20__		20__	
S	R	S	R	S	R	S	R	S	R
20__		20__		20__		20__		20__	
S	R	S	R	S	R	S	R	S	R

NAME	
ADDRESS	
EMAIL/PHONE	

20__		20__		20__		20__		20__	
S	R	S	R	S	R	S	R	S	R
20__		20__		20__		20__		20__	
S	R	S	R	S	R	S	R	S	R

NAME	
ADDRESS	
EMAIL/PHONE	

20__		20__		20__		20__		20__	
S	R	S	R	S	R	S	R	S	R
20__		20__		20__		20__		20__	
S	R	S	R	S	R	S	R	S	R

NAME	
ADDRESS	
EMAIL/PHONE	

20__		20__		20__		20__		20__	
S	R	S	R	S	R	S	R	S	R
20__		20__		20__		20__		20__	
S	R	S	R	S	R	S	R	S	R

K

NAME	
ADDRESS	
EMAIL/PHONE	

20__		20__		20__		20__		20__	
S	R	S	R	S	R	S	R	S	R
20__		20__		20__		20__		20__	
S	R	S	R	S	R	S	R	S	R

NAME	
ADDRESS	
EMAIL/PHONE	

20__		20__		20__		20__		20__	
S	R	S	R	S	R	S	R	S	R
20__		20__		20__		20__		20__	
S	R	S	R	S	R	S	R	S	R

NAME	
ADDRESS	
EMAIL/PHONE	

20__		20__		20__		20__		20__	
S	R	S	R	S	R	S	R	S	R
20__		20__		20__		20__		20__	
S	R	S	R	S	R	S	R	S	R

NAME	
ADDRESS	
EMAIL/PHONE	

20__		20__		20__		20__		20__	
S	R	S	R	S	R	S	R	S	R
20__		20__		20__		20__		20__	
S	R	S	R	S	R	S	R	S	R

K

NAME	
ADDRESS	
EMAIL/PHONE	

20__		20__		20__		20__		20__	
S	R	S	R	S	R	S	R	S	R
20__		20__		20__		20__		20__	
S	R	S	R	S	R	S	R	S	R

NAME	
ADDRESS	
EMAIL/PHONE	

20__		20__		20__		20__		20__	
S	R	S	R	S	R	S	R	S	R
20__		20__		20__		20__		20__	
S	R	S	R	S	R	S	R	S	R

NAME	
ADDRESS	
EMAIL/PHONE	

20__		20__		20__		20__		20__	
S	R	S	R	S	R	S	R	S	R
20__		20__		20__		20__		20__	
S	R	S	R	S	R	S	R	S	R

NAME	
ADDRESS	
EMAIL/PHONE	

20__		20__		20__		20__		20__	
S	R	S	R	S	R	S	R	S	R
20__		20__		20__		20__		20__	
S	R	S	R	S	R	S	R	S	R

K

NAME	
ADDRESS	
EMAIL/PHONE	

20__		20__		20__		20__		20__	
S	R	S	R	S	R	S	R	S	R
20__		20__		20__		20__		20__	
S	R	S	R	S	R	S	R	S	R

NAME	
ADDRESS	
EMAIL/PHONE	

20__		20__		20__		20__		20__	
S	R	S	R	S	R	S	R	S	R
20__		20__		20__		20__		20__	
S	R	S	R	S	R	S	R	S	R

NAME	
ADDRESS	
EMAIL/PHONE	

20__		20__		20__		20__		20__	
S	R	S	R	S	R	S	R	S	R
20__		20__		20__		20__		20__	
S	R	S	R	S	R	S	R	S	R

NAME	
ADDRESS	
EMAIL/PHONE	

20__		20__		20__		20__		20__	
S	R	S	R	S	R	S	R	S	R
20__		20__		20__		20__		20__	
S	R	S	R	S	R	S	R	S	R

K

NAME	
ADDRESS	
EMAIL/PHONE	

20___		20___		20___		20___		20___	
S	R	S	R	S	R	S	R	S	R
20___		20___		20___		20___		20___	
S	R	S	R	S	R	S	R	S	R

NAME	
ADDRESS	
EMAIL/PHONE	

20___		20___		20___		20___		20___	
S	R	S	R	S	R	S	R	S	R
20___		20___		20___		20___		20___	
S	R	S	R	S	R	S	R	S	R

NAME	
ADDRESS	
EMAIL/PHONE	

20___		20___		20___		20___		20___	
S	R	S	R	S	R	S	R	S	R
20___		20___		20___		20___		20___	
S	R	S	R	S	R	S	R	S	R

NAME	
ADDRESS	
EMAIL/PHONE	

20___		20___		20___		20___		20___	
S	R	S	R	S	R	S	R	S	R
20___		20___		20___		20___		20___	
S	R	S	R	S	R	S	R	S	R

K

NAME	
ADDRESS	
EMAIL/PHONE	

20__		20__		20__		20__		20__	
S	R	S	R	S	R	S	R	S	R
20__		20__		20__		20__		20__	
S	R	S	R	S	R	S	R	S	R

NAME	
ADDRESS	
EMAIL/PHONE	

20__		20__		20__		20__		20__	
S	R	S	R	S	R	S	R	S	R
20__		20__		20__		20__		20__	
S	R	S	R	S	R	S	R	S	R

NAME	
ADDRESS	
EMAIL/PHONE	

20__		20__		20__		20__		20__	
S	R	S	R	S	R	S	R	S	R
20__		20__		20__		20__		20__	
S	R	S	R	S	R	S	R	S	R

NAME	
ADDRESS	
EMAIL/PHONE	

20__		20__		20__		20__		20__	
S	R	S	R	S	R	S	R	S	R
20__		20__		20__		20__		20__	
S	R	S	R	S	R	S	R	S	R

K

NAME	
ADDRESS	
EMAIL/PHONE	

20__		20__		20__		20__		20__	
S	R	S	R	S	R	S	R	S	R
20__		20__		20__		20__		20__	
S	R	S	R	S	R	S	R	S	R

NAME	
ADDRESS	
EMAIL/PHONE	

20__		20__		20__		20__		20__	
S	R	S	R	S	R	S	R	S	R
20__		20__		20__		20__		20__	
S	R	S	R	S	R	S	R	S	R

NAME	
ADDRESS	
EMAIL/PHONE	

20__		20__		20__		20__		20__	
S	R	S	R	S	R	S	R	S	R
20__		20__		20__		20__		20__	
S	R	S	R	S	R	S	R	S	R

NAME	
ADDRESS	
EMAIL/PHONE	

20__		20__		20__		20__		20__	
S	R	S	R	S	R	S	R	S	R
20__		20__		20__		20__		20__	
S	R	S	R	S	R	S	R	S	R

L

NAME	
ADDRESS	
EMAIL/PHONE	

20___		20___		20___		20___		20___	
S	R	S	R	S	R	S	R	S	R
20___		20___		20___		20___		20___	
S	R	S	R	S	R	S	R	S	R

NAME	
ADDRESS	
EMAIL/PHONE	

20___		20___		20___		20___		20___	
S	R	S	R	S	R	S	R	S	R
20___		20___		20___		20___		20___	
S	R	S	R	S	R	S	R	S	R

NAME	
ADDRESS	
EMAIL/PHONE	

20___		20___		20___		20___		20___	
S	R	S	R	S	R	S	R	S	R
20___		20___		20___		20___		20___	
S	R	S	R	S	R	S	R	S	R

NAME	
ADDRESS	
EMAIL/PHONE	

20___		20___		20___		20___		20___	
S	R	S	R	S	R	S	R	S	R
20___		20___		20___		20___		20___	
S	R	S	R	S	R	S	R	S	R

L

NAME	
ADDRESS	
EMAIL/PHONE	

20__		20__		20__		20__		20__	
S	R	S	R	S	R	S	R	S	R
20__		20__		20__		20__		20__	
S	R	S	R	S	R	S	R	S	R

NAME	
ADDRESS	
EMAIL/PHONE	

20__		20__		20__		20__		20__	
S	R	S	R	S	R	S	R	S	R
20__		20__		20__		20__		20__	
S	R	S	R	S	R	S	R	S	R

NAME	
ADDRESS	
EMAIL/PHONE	

20__		20__		20__		20__		20__	
S	R	S	R	S	R	S	R	S	R
20__		20__		20__		20__		20__	
S	R	S	R	S	R	S	R	S	R

NAME	
ADDRESS	
EMAIL/PHONE	

20__		20__		20__		20__		20__	
S	R	S	R	S	R	S	R	S	R
20__		20__		20__		20__		20__	
S	R	S	R	S	R	S	R	S	R

L

NAME	
ADDRESS	
EMAIL/PHONE	

20__		20__		20__		20__		20__	
S	R	S	R	S	R	S	R	S	R
20__		20__		20__		20__		20__	
S	R	S	R	S	R	S	R	S	R

NAME	
ADDRESS	
EMAIL/PHONE	

20__		20__		20__		20__		20__	
S	R	S	R	S	R	S	R	S	R
20__		20__		20__		20__		20__	
S	R	S	R	S	R	S	R	S	R

NAME	
ADDRESS	
EMAIL/PHONE	

20__		20__		20__		20__		20__	
S	R	S	R	S	R	S	R	S	R
20__		20__		20__		20__		20__	
S	R	S	R	S	R	S	R	S	R

NAME	
ADDRESS	
EMAIL/PHONE	

20__		20__		20__		20__		20__	
S	R	S	R	S	R	S	R	S	R
20__		20__		20__		20__		20__	
S	R	S	R	S	R	S	R	S	R

L

NAME	
ADDRESS	
EMAIL/PHONE	

20__		20__		20__		20__		20__	
S	R	S	R	S	R	S	R	S	R
20__		20__		20__		20__		20__	
S	R	S	R	S	R	S	R	S	R

NAME	
ADDRESS	
EMAIL/PHONE	

20__		20__		20__		20__		20__	
S	R	S	R	S	R	S	R	S	R
20__		20__		20__		20__		20__	
S	R	S	R	S	R	S	R	S	R

NAME	
ADDRESS	
EMAIL/PHONE	

20__		20__		20__		20__		20__	
S	R	S	R	S	R	S	R	S	R
20__		20__		20__		20__		20__	
S	R	S	R	S	R	S	R	S	R

NAME	
ADDRESS	
EMAIL/PHONE	

20__		20__		20__		20__		20__	
S	R	S	R	S	R	S	R	S	R
20__		20__		20__		20__		20__	
S	R	S	R	S	R	S	R	S	R

L

NAME	
ADDRESS	
EMAIL/PHONE	

20__		20__		20__		20__		20__	
S	R	S	R	S	R	S	R	S	R
20__		20__		20__		20__		20__	
S	R	S	R	S	R	S	R	S	R

NAME	
ADDRESS	
EMAIL/PHONE	

20__		20__		20__		20__		20__	
S	R	S	R	S	R	S	R	S	R
20__		20__		20__		20__		20__	
S	R	S	R	S	R	S	R	S	R

NAME	
ADDRESS	
EMAIL/PHONE	

20__		20__		20__		20__		20__	
S	R	S	R	S	R	S	R	S	R
20__		20__		20__		20__		20__	
S	R	S	R	S	R	S	R	S	R

NAME	
ADDRESS	
EMAIL/PHONE	

20__		20__		20__		20__		20__	
S	R	S	R	S	R	S	R	S	R
20__		20__		20__		20__		20__	
S	R	S	R	S	R	S	R	S	R

L

NAME	
ADDRESS	
EMAIL/PHONE	

20__		20__		20__		20__		20__	
S	R	S	R	S	R	S	R	S	R
20__		20__		20__		20__		20__	
S	R	S	R	S	R	S	R	S	R

NAME	
ADDRESS	
EMAIL/PHONE	

20__		20__		20__		20__		20__	
S	R	S	R	S	R	S	R	S	R
20__		20__		20__		20__		20__	
S	R	S	R	S	R	S	R	S	R

NAME	
ADDRESS	
EMAIL/PHONE	

20__		20__		20__		20__		20__	
S	R	S	R	S	R	S	R	S	R
20__		20__		20__		20__		20__	
S	R	S	R	S	R	S	R	S	R

NAME	
ADDRESS	
EMAIL/PHONE	

20__		20__		20__		20__		20__	
S	R	S	R	S	R	S	R	S	R
20__		20__		20__		20__		20__	
S	R	S	R	S	R	S	R	S	R

M

NAME	
ADDRESS	
EMAIL/PHONE	

20__		20__		20__		20__		20__	
S	R	S	R	S	R	S	R	S	R
20__		20__		20__		20__		20__	
S	R	S	R	S	R	S	R	S	R

NAME	
ADDRESS	
EMAIL/PHONE	

20__		20__		20__		20__		20__	
S	R	S	R	S	R	S	R	S	R
20__		20__		20__		20__		20__	
S	R	S	R	S	R	S	R	S	R

NAME	
ADDRESS	
EMAIL/PHONE	

20__		20__		20__		20__		20__	
S	R	S	R	S	R	S	R	S	R
20__		20__		20__		20__		20__	
S	R	S	R	S	R	S	R	S	R

NAME	
ADDRESS	
EMAIL/PHONE	

20__		20__		20__		20__		20__	
S	R	S	R	S	R	S	R	S	R
20__		20__		20__		20__		20__	
S	R	S	R	S	R	S	R	S	R

M

NAME	
ADDRESS	
EMAIL/PHONE	

20__		20__		20__		20__		20__	
S	R	S	R	S	R	S	R	S	R
20__		20__		20__		20__		20__	
S	R	S	R	S	R	S	R	S	R

NAME	
ADDRESS	
EMAIL/PHONE	

20__		20__		20__		20__		20__	
S	R	S	R	S	R	S	R	S	R
20__		20__		20__		20__		20__	
S	R	S	R	S	R	S	R	S	R

NAME	
ADDRESS	
EMAIL/PHONE	

20__		20__		20__		20__		20__	
S	R	S	R	S	R	S	R	S	R
20__		20__		20__		20__		20__	
S	R	S	R	S	R	S	R	S	R

NAME	
ADDRESS	
EMAIL/PHONE	

20__		20__		20__		20__		20__	
S	R	S	R	S	R	S	R	S	R
20__		20__		20__		20__		20__	
S	R	S	R	S	R	S	R	S	R

M

NAME	
ADDRESS	
EMAIL/PHONE	

20__		20__		20__		20__		20__	
S	R	S	R	S	R	S	R	S	R
20__		20__		20__		20__		20__	
S	R	S	R	S	R	S	R	S	R

NAME	
ADDRESS	
EMAIL/PHONE	

20__		20__		20__		20__		20__	
S	R	S	R	S	R	S	R	S	R
20__		20__		20__		20__		20__	
S	R	S	R	S	R	S	R	S	R

NAME	
ADDRESS	
EMAIL/PHONE	

20__		20__		20__		20__		20__	
S	R	S	R	S	R	S	R	S	R
20__		20__		20__		20__		20__	
S	R	S	R	S	R	S	R	S	R

NAME	
ADDRESS	
EMAIL/PHONE	

20__		20__		20__		20__		20__	
S	R	S	R	S	R	S	R	S	R
20__		20__		20__		20__		20__	
S	R	S	R	S	R	S	R	S	R

M

NAME	
ADDRESS	
EMAIL/PHONE	

20__		20__		20__		20__		20__	
S	R	S	R	S	R	S	R	S	R
20__		20__		20__		20__		20__	
S	R	S	R	S	R	S	R	S	R

NAME	
ADDRESS	
EMAIL/PHONE	

20__		20__		20__		20__		20__	
S	R	S	R	S	R	S	R	S	R
20__		20__		20__		20__		20__	
S	R	S	R	S	R	S	R	S	R

NAME	
ADDRESS	
EMAIL/PHONE	

20__		20__		20__		20__		20__	
S	R	S	R	S	R	S	R	S	R
20__		20__		20__		20__		20__	
S	R	S	R	S	R	S	R	S	R

NAME	
ADDRESS	
EMAIL/PHONE	

20__		20__		20__		20__		20__	
S	R	S	R	S	R	S	R	S	R
20__		20__		20__		20__		20__	
S	R	S	R	S	R	S	R	S	R

M

NAME	
ADDRESS	
EMAIL/PHONE	

20__		20__		20__		20__		20__	
S	R	S	R	S	R	S	R	S	R
20__		20__		20__		20__		20__	
S	R	S	R	S	R	S	R	S	R

NAME	
ADDRESS	
EMAIL/PHONE	

20__		20__		20__		20__		20__	
S	R	S	R	S	R	S	R	S	R
20__		20__		20__		20__		20__	
S	R	S	R	S	R	S	R	S	R

NAME	
ADDRESS	
EMAIL/PHONE	

20__		20__		20__		20__		20__	
S	R	S	R	S	R	S	R	S	R
20__		20__		20__		20__		20__	
S	R	S	R	S	R	S	R	S	R

NAME	
ADDRESS	
EMAIL/PHONE	

20__		20__		20__		20__		20__	
S	R	S	R	S	R	S	R	S	R
20__		20__		20__		20__		20__	
S	R	S	R	S	R	S	R	S	R

M

NAME	
ADDRESS	
EMAIL/PHONE	

20__		20__		20__		20__		20__	
S	R	S	R	S	R	S	R	S	R
20__		20__		20__		20__		20__	
S	R	S	R	S	R	S	R	S	R

NAME	
ADDRESS	
EMAIL/PHONE	

20__		20__		20__		20__		20__	
S	R	S	R	S	R	S	R	S	R
20__		20__		20__		20__		20__	
S	R	S	R	S	R	S	R	S	R

NAME	
ADDRESS	
EMAIL/PHONE	

20__		20__		20__		20__		20__	
S	R	S	R	S	R	S	R	S	R
20__		20__		20__		20__		20__	
S	R	S	R	S	R	S	R	S	R

NAME	
ADDRESS	
EMAIL/PHONE	

20__		20__		20__		20__		20__	
S	R	S	R	S	R	S	R	S	R
20__		20__		20__		20__		20__	
S	R	S	R	S	R	S	R	S	R

N

NAME	
ADDRESS	
EMAIL/PHONE	

20__		20__		20__		20__		20__	
S	R	S	R	S	R	S	R	S	R
20__		20__		20__		20__		20__	
S	R	S	R	S	R	S	R	S	R

NAME	
ADDRESS	
EMAIL/PHONE	

20__		20__		20__		20__		20__	
S	R	S	R	S	R	S	R	S	R
20__		20__		20__		20__		20__	
S	R	S	R	S	R	S	R	S	R

NAME	
ADDRESS	
EMAIL/PHONE	

20__		20__		20__		20__		20__	
S	R	S	R	S	R	S	R	S	R
20__		20__		20__		20__		20__	
S	R	S	R	S	R	S	R	S	R

NAME	
ADDRESS	
EMAIL/PHONE	

20__		20__		20__		20__		20__	
S	R	S	R	S	R	S	R	S	R
20__		20__		20__		20__		20__	
S	R	S	R	S	R	S	R	S	R

N

NAME	
ADDRESS	
EMAIL/PHONE	

20__		20__		20__		20__		20__	
S	R	S	R	S	R	S	R	S	R

20__		20__		20__		20__		20__	
S	R	S	R	S	R	S	R	S	R

NAME	
ADDRESS	
EMAIL/PHONE	

20__		20__		20__		20__		20__	
S	R	S	R	S	R	S	R	S	R

20__		20__		20__		20__		20__	
S	R	S	R	S	R	S	R	S	R

NAME	
ADDRESS	
EMAIL/PHONE	

20__		20__		20__		20__		20__	
S	R	S	R	S	R	S	R	S	R

20__		20__		20__		20__		20__	
S	R	S	R	S	R	S	R	S	R

NAME	
ADDRESS	
EMAIL/PHONE	

20__		20__		20__		20__		20__	
S	R	S	R	S	R	S	R	S	R

20__		20__		20__		20__		20__	
S	R	S	R	S	R	S	R	S	R

N

NAME	
ADDRESS	
EMAIL/PHONE	

20__		20__		20__		20__		20__	
S	R	S	R	S	R	S	R	S	R

20__		20__		20__		20__		20__	
S	R	S	R	S	R	S	R	S	R

NAME	
ADDRESS	
EMAIL/PHONE	

20__		20__		20__		20__		20__	
S	R	S	R	S	R	S	R	S	R

20__		20__		20__		20__		20__	
S	R	S	R	S	R	S	R	S	R

NAME	
ADDRESS	
EMAIL/PHONE	

20__		20__		20__		20__		20__	
S	R	S	R	S	R	S	R	S	R

20__		20__		20__		20__		20__	
S	R	S	R	S	R	S	R	S	R

NAME	
ADDRESS	
EMAIL/PHONE	

20__		20__		20__		20__		20__	
S	R	S	R	S	R	S	R	S	R

20__		20__		20__		20__		20__	
S	R	S	R	S	R	S	R	S	R

N

NAME	
ADDRESS	
EMAIL/PHONE	

20__		20__		20__		20__		20__	
S	R	S	R	S	R	S	R	S	R
20__		20__		20__		20__		20__	
S	R	S	R	S	R	S	R	S	R

NAME	
ADDRESS	
EMAIL/PHONE	

20__		20__		20__		20__		20__	
S	R	S	R	S	R	S	R	S	R
20__		20__		20__		20__		20__	
S	R	S	R	S	R	S	R	S	R

NAME	
ADDRESS	
EMAIL/PHONE	

20__		20__		20__		20__		20__	
S	R	S	R	S	R	S	R	S	R
20__		20__		20__		20__		20__	
S	R	S	R	S	R	S	R	S	R

NAME	
ADDRESS	
EMAIL/PHONE	

20__		20__		20__		20__		20__	
S	R	S	R	S	R	S	R	S	R
20__		20__		20__		20__		20__	
S	R	S	R	S	R	S	R	S	R

N

NAME	
ADDRESS	
EMAIL/PHONE	

20___		20___		20___		20___		20___	
S	R	S	R	S	R	S	R	S	R
20___		20___		20___		20___		20___	
S	R	S	R	S	R	S	R	S	R

NAME	
ADDRESS	
EMAIL/PHONE	

20___		20___		20___		20___		20___	
S	R	S	R	S	R	S	R	S	R
20___		20___		20___		20___		20___	
S	R	S	R	S	R	S	R	S	R

NAME	
ADDRESS	
EMAIL/PHONE	

20___		20___		20___		20___		20___	
S	R	S	R	S	R	S	R	S	R
20___		20___		20___		20___		20___	
S	R	S	R	S	R	S	R	S	R

NAME	
ADDRESS	
EMAIL/PHONE	

20___		20___		20___		20___		20___	
S	R	S	R	S	R	S	R	S	R
20___		20___		20___		20___		20___	
S	R	S	R	S	R	S	R	S	R

N

NAME	
ADDRESS	
EMAIL/PHONE	

20__		20__		20__		20__		20__	
S	R	S	R	S	R	S	R	S	R
20__		20__		20__		20__		20__	
S	R	S	R	S	R	S	R	S	R

NAME	
ADDRESS	
EMAIL/PHONE	

20__		20__		20__		20__		20__	
S	R	S	R	S	R	S	R	S	R
20__		20__		20__		20__		20__	
S	R	S	R	S	R	S	R	S	R

NAME	
ADDRESS	
EMAIL/PHONE	

20__		20__		20__		20__		20__	
S	R	S	R	S	R	S	R	S	R
20__		20__		20__		20__		20__	
S	R	S	R	S	R	S	R	S	R

NAME	
ADDRESS	
EMAIL/PHONE	

20__		20__		20__		20__		20__	
S	R	S	R	S	R	S	R	S	R
20__		20__		20__		20__		20__	
S	R	S	R	S	R	S	R	S	R

O

NAME	
ADDRESS	
EMAIL/PHONE	

20__		20__		20__		20__		20__	
S	R	S	R	S	R	S	R	S	R
20__		20__		20__		20__		20__	
S	R	S	R	S	R	S	R	S	R

NAME	
ADDRESS	
EMAIL/PHONE	

20__		20__		20__		20__		20__	
S	R	S	R	S	R	S	R	S	R
20__		20__		20__		20__		20__	
S	R	S	R	S	R	S	R	S	R

NAME	
ADDRESS	
EMAIL/PHONE	

20__		20__		20__		20__		20__	
S	R	S	R	S	R	S	R	S	R
20__		20__		20__		20__		20__	
S	R	S	R	S	R	S	R	S	R

NAME	
ADDRESS	
EMAIL/PHONE	

20__		20__		20__		20__		20__	
S	R	S	R	S	R	S	R	S	R
20__		20__		20__		20__		20__	
S	R	S	R	S	R	S	R	S	R

NAME	
ADDRESS	
EMAIL/PHONE	

20__		20__		20__		20__		20__	
S	R	S	R	S	R	S	R	S	R
20__		20__		20__		20__		20__	
S	R	S	R	S	R	S	R	S	R

NAME	
ADDRESS	
EMAIL/PHONE	

20__		20__		20__		20__		20__	
S	R	S	R	S	R	S	R	S	R
20__		20__		20__		20__		20__	
S	R	S	R	S	R	S	R	S	R

NAME	
ADDRESS	
EMAIL/PHONE	

20__		20__		20__		20__		20__	
S	R	S	R	S	R	S	R	S	R
20__		20__		20__		20__		20__	
S	R	S	R	S	R	S	R	S	R

NAME	
ADDRESS	
EMAIL/PHONE	

20__		20__		20__		20__		20__	
S	R	S	R	S	R	S	R	S	R
20__		20__		20__		20__		20__	
S	R	S	R	S	R	S	R	S	R

NAME	
ADDRESS	
EMAIL/PHONE	

20__		20__		20__		20__		20__	
S	R	S	R	S	R	S	R	S	R
20__		20__		20__		20__		20__	
S	R	S	R	S	R	S	R	S	R

NAME	
ADDRESS	
EMAIL/PHONE	

20__		20__		20__		20__		20__	
S	R	S	R	S	R	S	R	S	R
20__		20__		20__		20__		20__	
S	R	S	R	S	R	S	R	S	R

NAME	
ADDRESS	
EMAIL/PHONE	

20__		20__		20__		20__		20__	
S	R	S	R	S	R	S	R	S	R
20__		20__		20__		20__		20__	
S	R	S	R	S	R	S	R	S	R

NAME	
ADDRESS	
EMAIL/PHONE	

20__		20__		20__		20__		20__	
S	R	S	R	S	R	S	R	S	R
20__		20__		20__		20__		20__	
S	R	S	R	S	R	S	R	S	R

NAME	
ADDRESS	
EMAIL/PHONE	

20__		20__		20__		20__		20__	
S	R	S	R	S	R	S	R	S	R
20__		20__		20__		20__		20__	
S	R	S	R	S	R	S	R	S	R

NAME	
ADDRESS	
EMAIL/PHONE	

20__		20__		20__		20__		20__	
S	R	S	R	S	R	S	R	S	R
20__		20__		20__		20__		20__	
S	R	S	R	S	R	S	R	S	R

NAME	
ADDRESS	
EMAIL/PHONE	

20__		20__		20__		20__		20__	
S	R	S	R	S	R	S	R	S	R
20__		20__		20__		20__		20__	
S	R	S	R	S	R	S	R	S	R

NAME	
ADDRESS	
EMAIL/PHONE	

20__		20__		20__		20__		20__	
S	R	S	R	S	R	S	R	S	R
20__		20__		20__		20__		20__	
S	R	S	R	S	R	S	R	S	R

NAME	
ADDRESS	
EMAIL/PHONE	

20__		20__		20__		20__		20__	
S	R	S	R	S	R	S	R	S	R
20__		20__		20__		20__		20__	
S	R	S	R	S	R	S	R	S	R

NAME	
ADDRESS	
EMAIL/PHONE	

20__		20__		20__		20__		20__	
S	R	S	R	S	R	S	R	S	R
20__		20__		20__		20__		20__	
S	R	S	R	S	R	S	R	S	R

NAME	
ADDRESS	
EMAIL/PHONE	

20__		20__		20__		20__		20__	
S	R	S	R	S	R	S	R	S	R
20__		20__		20__		20__		20__	
S	R	S	R	S	R	S	R	S	R

NAME	
ADDRESS	
EMAIL/PHONE	

20__		20__		20__		20__		20__	
S	R	S	R	S	R	S	R	S	R
20__		20__		20__		20__		20__	
S	R	S	R	S	R	S	R	S	R

NAME	
ADDRESS	
EMAIL/PHONE	

20__		20__		20__		20__		20__	
S	R	S	R	S	R	S	R	S	R
20__		20__		20__		20__		20__	
S	R	S	R	S	R	S	R	S	R

NAME	
ADDRESS	
EMAIL/PHONE	

20__		20__		20__		20__		20__	
S	R	S	R	S	R	S	R	S	R
20__		20__		20__		20__		20__	
S	R	S	R	S	R	S	R	S	R

NAME	
ADDRESS	
EMAIL/PHONE	

20__		20__		20__		20__		20__	
S	R	S	R	S	R	S	R	S	R
20__		20__		20__		20__		20__	
S	R	S	R	S	R	S	R	S	R

NAME	
ADDRESS	
EMAIL/PHONE	

20__		20__		20__		20__		20__	
S	R	S	R	S	R	S	R	S	R
20__		20__		20__		20__		20__	
S	R	S	R	S	R	S	R	S	R

P

NAME	
ADDRESS	
EMAIL/PHONE	

20__		20__		20__		20__		20__	
S	R	S	R	S	R	S	R	S	R
20__		20__		20__		20__		20__	
S	R	S	R	S	R	S	R	S	R

NAME	
ADDRESS	
EMAIL/PHONE	

20__		20__		20__		20__		20__	
S	R	S	R	S	R	S	R	S	R
20__		20__		20__		20__		20__	
S	R	S	R	S	R	S	R	S	R

NAME	
ADDRESS	
EMAIL/PHONE	

20__		20__		20__		20__		20__	
S	R	S	R	S	R	S	R	S	R
20__		20__		20__		20__		20__	
S	R	S	R	S	R	S	R	S	R

NAME	
ADDRESS	
EMAIL/PHONE	

20__		20__		20__		20__		20__	
S	R	S	R	S	R	S	R	S	R
20__		20__		20__		20__		20__	
S	R	S	R	S	R	S	R	S	R

P

NAME	
ADDRESS	
EMAIL/PHONE	

20___		20___		20___		20___		20___	
S	R	S	R	S	R	S	R	S	R
20___		20___		20___		20___		20___	
S	R	S	R	S	R	S	R	S	R

NAME	
ADDRESS	
EMAIL/PHONE	

20___		20___		20___		20___		20___	
S	R	S	R	S	R	S	R	S	R
20___		20___		20___		20___		20___	
S	R	S	R	S	R	S	R	S	R

NAME	
ADDRESS	
EMAIL/PHONE	

20___		20___		20___		20___		20___	
S	R	S	R	S	R	S	R	S	R
20___		20___		20___		20___		20___	
S	R	S	R	S	R	S	R	S	R

NAME	
ADDRESS	
EMAIL/PHONE	

20___		20___		20___		20___		20___	
S	R	S	R	S	R	S	R	S	R
20___		20___		20___		20___		20___	
S	R	S	R	S	R	S	R	S	R

P

NAME	
ADDRESS	
EMAIL/PHONE	

20__		20__		20__		20__		20__	
S	R	S	R	S	R	S	R	S	R
20__		20__		20__		20__		20__	
S	R	S	R	S	R	S	R	S	R

NAME	
ADDRESS	
EMAIL/PHONE	

20__		20__		20__		20__		20__	
S	R	S	R	S	R	S	R	S	R
20__		20__		20__		20__		20__	
S	R	S	R	S	R	S	R	S	R

NAME	
ADDRESS	
EMAIL/PHONE	

20__		20__		20__		20__		20__	
S	R	S	R	S	R	S	R	S	R
20__		20__		20__		20__		20__	
S	R	S	R	S	R	S	R	S	R

NAME	
ADDRESS	
EMAIL/PHONE	

20__		20__		20__		20__		20__	
S	R	S	R	S	R	S	R	S	R
20__		20__		20__		20__		20__	
S	R	S	R	S	R	S	R	S	R

P

NAME	
ADDRESS	
EMAIL/PHONE	

20__		20__		20__		20__		20__	
S	R	S	R	S	R	S	R	S	R
20__		20__		20__		20__		20__	
S	R	S	R	S	R	S	R	S	R

NAME	
ADDRESS	
EMAIL/PHONE	

20__		20__		20__		20__		20__	
S	R	S	R	S	R	S	R	S	R
20__		20__		20__		20__		20__	
S	R	S	R	S	R	S	R	S	R

NAME	
ADDRESS	
EMAIL/PHONE	

20__		20__		20__		20__		20__	
S	R	S	R	S	R	S	R	S	R
20__		20__		20__		20__		20__	
S	R	S	R	S	R	S	R	S	R

NAME	
ADDRESS	
EMAIL/PHONE	

20__		20__		20__		20__		20__	
S	R	S	R	S	R	S	R	S	R
20__		20__		20__		20__		20__	
S	R	S	R	S	R	S	R	S	R

P

NAME	
ADDRESS	
EMAIL/PHONE	

20___		20___		20___		20___		20___	
S	R	S	R	S	R	S	R	S	R

20___		20___		20___		20___		20___	
S	R	S	R	S	R	S	R	S	R

NAME	
ADDRESS	
EMAIL/PHONE	

20___		20___		20___		20___		20___	
S	R	S	R	S	R	S	R	S	R

20___		20___		20___		20___		20___	
S	R	S	R	S	R	S	R	S	R

NAME	
ADDRESS	
EMAIL/PHONE	

20___		20___		20___		20___		20___	
S	R	S	R	S	R	S	R	S	R

20___		20___		20___		20___		20___	
S	R	S	R	S	R	S	R	S	R

NAME	
ADDRESS	
EMAIL/PHONE	

20___		20___		20___		20___		20___	
S	R	S	R	S	R	S	R	S	R

20___		20___		20___		20___		20___	
S	R	S	R	S	R	S	R	S	R

P

NAME	
ADDRESS	
EMAIL/PHONE	

20__		20__		20__		20__		20__	
S	R	S	R	S	R	S	R	S	R
20__		20__		20__		20__		20__	
S	R	S	R	S	R	S	R	S	R

NAME	
ADDRESS	
EMAIL/PHONE	

20__		20__		20__		20__		20__	
S	R	S	R	S	R	S	R	S	R
20__		20__		20__		20__		20__	
S	R	S	R	S	R	S	R	S	R

NAME	
ADDRESS	
EMAIL/PHONE	

20__		20__		20__		20__		20__	
S	R	S	R	S	R	S	R	S	R
20__		20__		20__		20__		20__	
S	R	S	R	S	R	S	R	S	R

NAME	
ADDRESS	
EMAIL/PHONE	

20__		20__		20__		20__		20__	
S	R	S	R	S	R	S	R	S	R
20__		20__		20__		20__		20__	
S	R	S	R	S	R	S	R	S	R

Q

NAME	
ADDRESS	
EMAIL/PHONE	

20__		20__		20__		20__		20__	
S	R	S	R	S	R	S	R	S	R
20__		20__		20__		20__		20__	
S	R	S	R	S	R	S	R	S	R

NAME	
ADDRESS	
EMAIL/PHONE	

20__		20__		20__		20__		20__	
S	R	S	R	S	R	S	R	S	R
20__		20__		20__		20__		20__	
S	R	S	R	S	R	S	R	S	R

NAME	
ADDRESS	
EMAIL/PHONE	

20__		20__		20__		20__		20__	
S	R	S	R	S	R	S	R	S	R
20__		20__		20__		20__		20__	
S	R	S	R	S	R	S	R	S	R

NAME	
ADDRESS	
EMAIL/PHONE	

20__		20__		20__		20__		20__	
S	R	S	R	S	R	S	R	S	R
20__		20__		20__		20__		20__	
S	R	S	R	S	R	S	R	S	R

Q

NAME	
ADDRESS	
EMAIL/PHONE	

20__		20__		20__		20__		20__	
S	R	S	R	S	R	S	R	S	R
20__		20__		20__		20__		20__	
S	R	S	R	S	R	S	R	S	R

NAME	
ADDRESS	
EMAIL/PHONE	

20__		20__		20__		20__		20__	
S	R	S	R	S	R	S	R	S	R
20__		20__		20__		20__		20__	
S	R	S	R	S	R	S	R	S	R

NAME	
ADDRESS	
EMAIL/PHONE	

20__		20__		20__		20__		20__	
S	R	S	R	S	R	S	R	S	R
20__		20__		20__		20__		20__	
S	R	S	R	S	R	S	R	S	R

NAME	
ADDRESS	
EMAIL/PHONE	

20__		20__		20__		20__		20__	
S	R	S	R	S	R	S	R	S	R
20__		20__		20__		20__		20__	
S	R	S	R	S	R	S	R	S	R

Q

NAME	
ADDRESS	
EMAIL/PHONE	

20__		20__		20__		20__		20__	
S	R	S	R	S	R	S	R	S	R
20__		20__		20__		20__		20__	
S	R	S	R	S	R	S	R	S	R

NAME	
ADDRESS	
EMAIL/PHONE	

20__		20__		20__		20__		20__	
S	R	S	R	S	R	S	R	S	R
20__		20__		20__		20__		20__	
S	R	S	R	S	R	S	R	S	R

NAME	
ADDRESS	
EMAIL/PHONE	

20__		20__		20__		20__		20__	
S	R	S	R	S	R	S	R	S	R
20__		20__		20__		20__		20__	
S	R	S	R	S	R	S	R	S	R

NAME	
ADDRESS	
EMAIL/PHONE	

20__		20__		20__		20__		20__	
S	R	S	R	S	R	S	R	S	R
20__		20__		20__		20__		20__	
S	R	S	R	S	R	S	R	S	R

Q

NAME	
ADDRESS	
EMAIL/PHONE	

20___		20___		20___		20___		20___	
S	R	S	R	S	R	S	R	S	R
20___		20___		20___		20___		20___	
S	R	S	R	S	R	S	R	S	R

NAME	
ADDRESS	
EMAIL/PHONE	

20___		20___		20___		20___		20___	
S	R	S	R	S	R	S	R	S	R
20___		20___		20___		20___		20___	
S	R	S	R	S	R	S	R	S	R

NAME	
ADDRESS	
EMAIL/PHONE	

20___		20___		20___		20___		20___	
S	R	S	R	S	R	S	R	S	R
20___		20___		20___		20___		20___	
S	R	S	R	S	R	S	R	S	R

NAME	
ADDRESS	
EMAIL/PHONE	

20___		20___		20___		20___		20___	
S	R	S	R	S	R	S	R	S	R
20___		20___		20___		20___		20___	
S	R	S	R	S	R	S	R	S	R

Q

NAME	
ADDRESS	
EMAIL/PHONE	

20__		20__		20__		20__		20__	
S	R	S	R	S	R	S	R	S	R
20__		20__		20__		20__		20__	
S	R	S	R	S	R	S	R	S	R

NAME	
ADDRESS	
EMAIL/PHONE	

20__		20__		20__		20__		20__	
S	R	S	R	S	R	S	R	S	R
20__		20__		20__		20__		20__	
S	R	S	R	S	R	S	R	S	R

NAME	
ADDRESS	
EMAIL/PHONE	

20__		20__		20__		20__		20__	
S	R	S	R	S	R	S	R	S	R
20__		20__		20__		20__		20__	
S	R	S	R	S	R	S	R	S	R

NAME	
ADDRESS	
EMAIL/PHONE	

20__		20__		20__		20__		20__	
S	R	S	R	S	R	S	R	S	R
20__		20__		20__		20__		20__	
S	R	S	R	S	R	S	R	S	R

Q

NAME	
ADDRESS	
EMAIL/PHONE	

20__		20__		20__		20__		20__	
S	R	S	R	S	R	S	R	S	R
20__		20__		20__		20__		20__	
S	R	S	R	S	R	S	R	S	R

NAME	
ADDRESS	
EMAIL/PHONE	

20__		20__		20__		20__		20__	
S	R	S	R	S	R	S	R	S	R
20__		20__		20__		20__		20__	
S	R	S	R	S	R	S	R	S	R

NAME	
ADDRESS	
EMAIL/PHONE	

20__		20__		20__		20__		20__	
S	R	S	R	S	R	S	R	S	R
20__		20__		20__		20__		20__	
S	R	S	R	S	R	S	R	S	R

NAME	
ADDRESS	
EMAIL/PHONE	

20__		20__		20__		20__		20__	
S	R	S	R	S	R	S	R	S	R
20__		20__		20__		20__		20__	
S	R	S	R	S	R	S	R	S	R

R

NAME	
ADDRESS	
EMAIL/PHONE	

20__		20__		20__		20__		20__	
S	R	S	R	S	R	S	R	S	R
20__		20__		20__		20__		20__	
S	R	S	R	S	R	S	R	S	R

NAME	
ADDRESS	
EMAIL/PHONE	

20__		20__		20__		20__		20__	
S	R	S	R	S	R	S	R	S	R
20__		20__		20__		20__		20__	
S	R	S	R	S	R	S	R	S	R

NAME	
ADDRESS	
EMAIL/PHONE	

20__		20__		20__		20__		20__	
S	R	S	R	S	R	S	R	S	R
20__		20__		20__		20__		20__	
S	R	S	R	S	R	S	R	S	R

NAME	
ADDRESS	
EMAIL/PHONE	

20__		20__		20__		20__		20__	
S	R	S	R	S	R	S	R	S	R
20__		20__		20__		20__		20__	
S	R	S	R	S	R	S	R	S	R

R

NAME	
ADDRESS	
EMAIL/PHONE	

20___		20___		20___		20___		20___	
S	R	S	R	S	R	S	R	S	R
20___		20___		20___		20___		20___	
S	R	S	R	S	R	S	R	S	R

NAME	
ADDRESS	
EMAIL/PHONE	

20___		20___		20___		20___		20___	
S	R	S	R	S	R	S	R	S	R
20___		20___		20___		20___		20___	
S	R	S	R	S	R	S	R	S	R

NAME	
ADDRESS	
EMAIL/PHONE	

20___		20___		20___		20___		20___	
S	R	S	R	S	R	S	R	S	R
20___		20___		20___		20___		20___	
S	R	S	R	S	R	S	R	S	R

NAME	
ADDRESS	
EMAIL/PHONE	

20___		20___		20___		20___		20___	
S	R	S	R	S	R	S	R	S	R
20___		20___		20___		20___		20___	
S	R	S	R	S	R	S	R	S	R

R

NAME	
ADDRESS	
EMAIL/PHONE	

20__		20__		20__		20__		20__	
S	R	S	R	S	R	S	R	S	R
20__		20__		20__		20__		20__	
S	R	S	R	S	R	S	R	S	R

NAME	
ADDRESS	
EMAIL/PHONE	

20__		20__		20__		20__		20__	
S	R	S	R	S	R	S	R	S	R
20__		20__		20__		20__		20__	
S	R	S	R	S	R	S	R	S	R

NAME	
ADDRESS	
EMAIL/PHONE	

20__		20__		20__		20__		20__	
S	R	S	R	S	R	S	R	S	R
20__		20__		20__		20__		20__	
S	R	S	R	S	R	S	R	S	R

NAME	
ADDRESS	
EMAIL/PHONE	

20__		20__		20__		20__		20__	
S	R	S	R	S	R	S	R	S	R
20__		20__		20__		20__		20__	
S	R	S	R	S	R	S	R	S	R

R

NAME	
ADDRESS	
EMAIL/PHONE	

20__		20__		20__		20__		20__	
S	R	S	R	S	R	S	R	S	R
20__		20__		20__		20__		20__	
S	R	S	R	S	R	S	R	S	R

NAME	
ADDRESS	
EMAIL/PHONE	

20__		20__		20__		20__		20__	
S	R	S	R	S	R	S	R	S	R
20__		20__		20__		20__		20__	
S	R	S	R	S	R	S	R	S	R

NAME	
ADDRESS	
EMAIL/PHONE	

20__		20__		20__		20__		20__	
S	R	S	R	S	R	S	R	S	R
20__		20__		20__		20__		20__	
S	R	S	R	S	R	S	R	S	R

NAME	
ADDRESS	
EMAIL/PHONE	

20__		20__		20__		20__		20__	
S	R	S	R	S	R	S	R	S	R
20__		20__		20__		20__		20__	
S	R	S	R	S	R	S	R	S	R

R

NAME	
ADDRESS	
EMAIL/PHONE	

20__		20__		20__		20__		20__	
S	R	S	R	S	R	S	R	S	R

20__		20__		20__		20__		20__	
S	R	S	R	S	R	S	R	S	R

NAME	
ADDRESS	
EMAIL/PHONE	

20__		20__		20__		20__		20__	
S	R	S	R	S	R	S	R	S	R

20__		20__		20__		20__		20__	
S	R	S	R	S	R	S	R	S	R

NAME	
ADDRESS	
EMAIL/PHONE	

20__		20__		20__		20__		20__	
S	R	S	R	S	R	S	R	S	R

20__		20__		20__		20__		20__	
S	R	S	R	S	R	S	R	S	R

NAME	
ADDRESS	
EMAIL/PHONE	

20__		20__		20__		20__		20__	
S	R	S	R	S	R	S	R	S	R

20__		20__		20__		20__		20__	
S	R	S	R	S	R	S	R	S	R

R

NAME	
ADDRESS	
EMAIL/PHONE	

20__		20__		20__		20__		20__	
S	R	S	R	S	R	S	R	S	R
20__		20__		20__		20__		20__	
S	R	S	R	S	R	S	R	S	R

NAME	
ADDRESS	
EMAIL/PHONE	

20__		20__		20__		20__		20__	
S	R	S	R	S	R	S	R	S	R
20__		20__		20__		20__		20__	
S	R	S	R	S	R	S	R	S	R

NAME	
ADDRESS	
EMAIL/PHONE	

20__		20__		20__		20__		20__	
S	R	S	R	S	R	S	R	S	R
20__		20__		20__		20__		20__	
S	R	S	R	S	R	S	R	S	R

NAME	
ADDRESS	
EMAIL/PHONE	

20__		20__		20__		20__		20__	
S	R	S	R	S	R	S	R	S	R
20__		20__		20__		20__		20__	
S	R	S	R	S	R	S	R	S	R

S

NAME	
ADDRESS	
EMAIL/PHONE	

20__		20__		20__		20__		20__	
S	R	S	R	S	R	S	R	S	R

20__		20__		20__		20__		20__	
S	R	S	R	S	R	S	R	S	R

NAME	
ADDRESS	
EMAIL/PHONE	

20__		20__		20__		20__		20__	
S	R	S	R	S	R	S	R	S	R

20__		20__		20__		20__		20__	
S	R	S	R	S	R	S	R	S	R

NAME	
ADDRESS	
EMAIL/PHONE	

20__		20__		20__		20__		20__	
S	R	S	R	S	R	S	R	S	R

20__		20__		20__		20__		20__	
S	R	S	R	S	R	S	R	S	R

NAME	
ADDRESS	
EMAIL/PHONE	

20__		20__		20__		20__		20__	
S	R	S	R	S	R	S	R	S	R

20__		20__		20__		20__		20__	
S	R	S	R	S	R	S	R	S	R

S

NAME	
ADDRESS	
EMAIL/PHONE	

20__		20__		20__		20__		20__	
S	R	S	R	S	R	S	R	S	R
20__		20__		20__		20__		20__	
S	R	S	R	S	R	S	R	S	R

NAME	
ADDRESS	
EMAIL/PHONE	

20__		20__		20__		20__		20__	
S	R	S	R	S	R	S	R	S	R
20__		20__		20__		20__		20__	
S	R	S	R	S	R	S	R	S	R

NAME	
ADDRESS	
EMAIL/PHONE	

20__		20__		20__		20__		20__	
S	R	S	R	S	R	S	R	S	R
20__		20__		20__		20__		20__	
S	R	S	R	S	R	S	R	S	R

NAME	
ADDRESS	
EMAIL/PHONE	

20__		20__		20__		20__		20__	
S	R	S	R	S	R	S	R	S	R
20__		20__		20__		20__		20__	
S	R	S	R	S	R	S	R	S	R

S

NAME	
ADDRESS	
EMAIL/PHONE	

20__		20__		20__		20__		20__	
S	R	S	R	S	R	S	R	S	R
20__		20__		20__		20__		20__	
S	R	S	R	S	R	S	R	S	R

NAME	
ADDRESS	
EMAIL/PHONE	

20__		20__		20__		20__		20__	
S	R	S	R	S	R	S	R	S	R
20__		20__		20__		20__		20__	
S	R	S	R	S	R	S	R	S	R

NAME	
ADDRESS	
EMAIL/PHONE	

20__		20__		20__		20__		20__	
S	R	S	R	S	R	S	R	S	R
20__		20__		20__		20__		20__	
S	R	S	R	S	R	S	R	S	R

NAME	
ADDRESS	
EMAIL/PHONE	

20__		20__		20__		20__		20__	
S	R	S	R	S	R	S	R	S	R
20__		20__		20__		20__		20__	
S	R	S	R	S	R	S	R	S	R

S

NAME	
ADDRESS	
EMAIL/PHONE	

20__		20__		20__		20__		20__	
S	R	S	R	S	R	S	R	S	R
20__		20__		20__		20__		20__	
S	R	S	R	S	R	S	R	S	R

NAME	
ADDRESS	
EMAIL/PHONE	

20__		20__		20__		20__		20__	
S	R	S	R	S	R	S	R	S	R
20__		20__		20__		20__		20__	
S	R	S	R	S	R	S	R	S	R

NAME	
ADDRESS	
EMAIL/PHONE	

20__		20__		20__		20__		20__	
S	R	S	R	S	R	S	R	S	R
20__		20__		20__		20__		20__	
S	R	S	R	S	R	S	R	S	R

NAME	
ADDRESS	
EMAIL/PHONE	

20__		20__		20__		20__		20__	
S	R	S	R	S	R	S	R	S	R
20__		20__		20__		20__		20__	
S	R	S	R	S	R	S	R	S	R

S

NAME	
ADDRESS	
EMAIL/PHONE	

20___		20___		20___		20___		20___	
S	R	S	R	S	R	S	R	S	R
20___		20___		20___		20___		20___	
S	R	S	R	S	R	S	R	S	R

NAME	
ADDRESS	
EMAIL/PHONE	

20___		20___		20___		20___		20___	
S	R	S	R	S	R	S	R	S	R
20___		20___		20___		20___		20___	
S	R	S	R	S	R	S	R	S	R

NAME	
ADDRESS	
EMAIL/PHONE	

20___		20___		20___		20___		20___	
S	R	S	R	S	R	S	R	S	R
20___		20___		20___		20___		20___	
S	R	S	R	S	R	S	R	S	R

NAME	
ADDRESS	
EMAIL/PHONE	

20___		20___		20___		20___		20___	
S	R	S	R	S	R	S	R	S	R
20___		20___		20___		20___		20___	
S	R	S	R	S	R	S	R	S	R

S

NAME	
ADDRESS	
EMAIL/PHONE	

20__		20__		20__		20__		20__	
S	R	S	R	S	R	S	R	S	R
20__		20__		20__		20__		20__	
S	R	S	R	S	R	S	R	S	R

NAME	
ADDRESS	
EMAIL/PHONE	

20__		20__		20__		20__		20__	
S	R	S	R	S	R	S	R	S	R
20__		20__		20__		20__		20__	
S	R	S	R	S	R	S	R	S	R

NAME	
ADDRESS	
EMAIL/PHONE	

20__		20__		20__		20__		20__	
S	R	S	R	S	R	S	R	S	R
20__		20__		20__		20__		20__	
S	R	S	R	S	R	S	R	S	R

NAME	
ADDRESS	
EMAIL/PHONE	

20__		20__		20__		20__		20__	
S	R	S	R	S	R	S	R	S	R
20__		20__		20__		20__		20__	
S	R	S	R	S	R	S	R	S	R

T

NAME	
ADDRESS	
EMAIL/PHONE	

20__		20__		20__		20__		20__	
S	R	S	R	S	R	S	R	S	R
20__		20__		20__		20__		20__	
S	R	S	R	S	R	S	R	S	R

NAME	
ADDRESS	
EMAIL/PHONE	

20__		20__		20__		20__		20__	
S	R	S	R	S	R	S	R	S	R
20__		20__		20__		20__		20__	
S	R	S	R	S	R	S	R	S	R

NAME	
ADDRESS	
EMAIL/PHONE	

20__		20__		20__		20__		20__	
S	R	S	R	S	R	S	R	S	R
20__		20__		20__		20__		20__	
S	R	S	R	S	R	S	R	S	R

NAME	
ADDRESS	
EMAIL/PHONE	

20__		20__		20__		20__		20__	
S	R	S	R	S	R	S	R	S	R
20__		20__		20__		20__		20__	
S	R	S	R	S	R	S	R	S	R

T

NAME	
ADDRESS	
EMAIL/PHONE	

20__		20__		20__		20__		20__	
S	R	S	R	S	R	S	R	S	R
20__		20__		20__		20__		20__	
S	R	S	R	S	R	S	R	S	R

NAME	
ADDRESS	
EMAIL/PHONE	

20__		20__		20__		20__		20__	
S	R	S	R	S	R	S	R	S	R
20__		20__		20__		20__		20__	
S	R	S	R	S	R	S	R	S	R

NAME	
ADDRESS	
EMAIL/PHONE	

20__		20__		20__		20__		20__	
S	R	S	R	S	R	S	R	S	R
20__		20__		20__		20__		20__	
S	R	S	R	S	R	S	R	S	R

NAME	
ADDRESS	
EMAIL/PHONE	

20__		20__		20__		20__		20__	
S	R	S	R	S	R	S	R	S	R
20__		20__		20__		20__		20__	
S	R	S	R	S	R	S	R	S	R

T

NAME	
ADDRESS	
EMAIL/PHONE	

20__		20__		20__		20__		20__	
S	R	S	R	S	R	S	R	S	R
20__		20__		20__		20__		20__	
S	R	S	R	S	R	S	R	S	R

NAME	
ADDRESS	
EMAIL/PHONE	

20__		20__		20__		20__		20__	
S	R	S	R	S	R	S	R	S	R
20__		20__		20__		20__		20__	
S	R	S	R	S	R	S	R	S	R

NAME	
ADDRESS	
EMAIL/PHONE	

20__		20__		20__		20__		20__	
S	R	S	R	S	R	S	R	S	R
20__		20__		20__		20__		20__	
S	R	S	R	S	R	S	R	S	R

NAME	
ADDRESS	
EMAIL/PHONE	

20__		20__		20__		20__		20__	
S	R	S	R	S	R	S	R	S	R
20__		20__		20__		20__		20__	
S	R	S	R	S	R	S	R	S	R

T

NAME	
ADDRESS	
EMAIL/PHONE	

20__		20__		20__		20__		20__	
S	R	S	R	S	R	S	R	S	R
20__		20__		20__		20__		20__	
S	R	S	R	S	R	S	R	S	R

NAME	
ADDRESS	
EMAIL/PHONE	

20__		20__		20__		20__		20__	
S	R	S	R	S	R	S	R	S	R
20__		20__		20__		20__		20__	
S	R	S	R	S	R	S	R	S	R

NAME	
ADDRESS	
EMAIL/PHONE	

20__		20__		20__		20__		20__	
S	R	S	R	S	R	S	R	S	R
20__		20__		20__		20__		20__	
S	R	S	R	S	R	S	R	S	R

NAME	
ADDRESS	
EMAIL/PHONE	

20__		20__		20__		20__		20__	
S	R	S	R	S	R	S	R	S	R
20__		20__		20__		20__		20__	
S	R	S	R	S	R	S	R	S	R

T

NAME	
ADDRESS	
EMAIL/PHONE	

20__		20__		20__		20__		20__	
S	R	S	R	S	R	S	R	S	R
20__		20__		20__		20__		20__	
S	R	S	R	S	R	S	R	S	R

NAME	
ADDRESS	
EMAIL/PHONE	

20__		20__		20__		20__		20__	
S	R	S	R	S	R	S	R	S	R
20__		20__		20__		20__		20__	
S	R	S	R	S	R	S	R	S	R

NAME	
ADDRESS	
EMAIL/PHONE	

20__		20__		20__		20__		20__	
S	R	S	R	S	R	S	R	S	R
20__		20__		20__		20__		20__	
S	R	S	R	S	R	S	R	S	R

NAME	
ADDRESS	
EMAIL/PHONE	

20__		20__		20__		20__		20__	
S	R	S	R	S	R	S	R	S	R
20__		20__		20__		20__		20__	
S	R	S	R	S	R	S	R	S	R

T

NAME	
ADDRESS	
EMAIL/PHONE	

20__		20__		20__		20__		20__	
S	R	S	R	S	R	S	R	S	R

20__		20__		20__		20__		20__	
S	R	S	R	S	R	S	R	S	R

NAME	
ADDRESS	
EMAIL/PHONE	

20__		20__		20__		20__		20__	
S	R	S	R	S	R	S	R	S	R

20__		20__		20__		20__		20__	
S	R	S	R	S	R	S	R	S	R

NAME	
ADDRESS	
EMAIL/PHONE	

20__		20__		20__		20__		20__	
S	R	S	R	S	R	S	R	S	R

20__		20__		20__		20__		20__	
S	R	S	R	S	R	S	R	S	R

NAME	
ADDRESS	
EMAIL/PHONE	

20__		20__		20__		20__		20__	
S	R	S	R	S	R	S	R	S	R

20__		20__		20__		20__		20__	
S	R	S	R	S	R	S	R	S	R

U

NAME	
ADDRESS	
EMAIL/PHONE	

20___		20___		20___		20___		20___	
S	R	S	R	S	R	S	R	S	R
20___		20___		20___		20___		20___	
S	R	S	R	S	R	S	R	S	R

NAME	
ADDRESS	
EMAIL/PHONE	

20___		20___		20___		20___		20___	
S	R	S	R	S	R	S	R	S	R
20___		20___		20___		20___		20___	
S	R	S	R	S	R	S	R	S	R

NAME	
ADDRESS	
EMAIL/PHONE	

20___		20___		20___		20___		20___	
S	R	S	R	S	R	S	R	S	R
20___		20___		20___		20___		20___	
S	R	S	R	S	R	S	R	S	R

NAME	
ADDRESS	
EMAIL/PHONE	

20___		20___		20___		20___		20___	
S	R	S	R	S	R	S	R	S	R
20___		20___		20___		20___		20___	
S	R	S	R	S	R	S	R	S	R

U

NAME	
ADDRESS	
EMAIL/PHONE	

20___		20___		20___		20___		20___	
S	R	S	R	S	R	S	R	S	R
20___		20___		20___		20___		20___	
S	R	S	R	S	R	S	R	S	R

NAME	
ADDRESS	
EMAIL/PHONE	

20___		20___		20___		20___		20___	
S	R	S	R	S	R	S	R	S	R
20___		20___		20___		20___		20___	
S	R	S	R	S	R	S	R	S	R

NAME	
ADDRESS	
EMAIL/PHONE	

20___		20___		20___		20___		20___	
S	R	S	R	S	R	S	R	S	R
20___		20___		20___		20___		20___	
S	R	S	R	S	R	S	R	S	R

NAME	
ADDRESS	
EMAIL/PHONE	

20___		20___		20___		20___		20___	
S	R	S	R	S	R	S	R	S	R
20___		20___		20___		20___		20___	
S	R	S	R	S	R	S	R	S	R

U

NAME	
ADDRESS	
EMAIL/PHONE	

20__		20__		20__		20__		20__	
S	R	S	R	S	R	S	R	S	R
20__		20__		20__		20__		20__	
S	R	S	R	S	R	S	R	S	R

NAME	
ADDRESS	
EMAIL/PHONE	

20__		20__		20__		20__		20__	
S	R	S	R	S	R	S	R	S	R
20__		20__		20__		20__		20__	
S	R	S	R	S	R	S	R	S	R

NAME	
ADDRESS	
EMAIL/PHONE	

20__		20__		20__		20__		20__	
S	R	S	R	S	R	S	R	S	R
20__		20__		20__		20__		20__	
S	R	S	R	S	R	S	R	S	R

NAME	
ADDRESS	
EMAIL/PHONE	

20__		20__		20__		20__		20__	
S	R	S	R	S	R	S	R	S	R
20__		20__		20__		20__		20__	
S	R	S	R	S	R	S	R	S	R

U

NAME	
ADDRESS	
EMAIL/PHONE	

20__		20__		20__		20__		20__	
S	R	S	R	S	R	S	R	S	R
20__		20__		20__		20__		20__	
S	R	S	R	S	R	S	R	S	R

NAME	
ADDRESS	
EMAIL/PHONE	

20__		20__		20__		20__		20__	
S	R	S	R	S	R	S	R	S	R
20__		20__		20__		20__		20__	
S	R	S	R	S	R	S	R	S	R

NAME	
ADDRESS	
EMAIL/PHONE	

20__		20__		20__		20__		20__	
S	R	S	R	S	R	S	R	S	R
20__		20__		20__		20__		20__	
S	R	S	R	S	R	S	R	S	R

NAME	
ADDRESS	
EMAIL/PHONE	

20__		20__		20__		20__		20__	
S	R	S	R	S	R	S	R	S	R
20__		20__		20__		20__		20__	
S	R	S	R	S	R	S	R	S	R

U

NAME	
ADDRESS	
EMAIL/PHONE	

20__		20__		20__		20__		20__	
S	R	S	R	S	R	S	R	S	R

20__		20__		20__		20__		20__	
S	R	S	R	S	R	S	R	S	R

NAME	
ADDRESS	
EMAIL/PHONE	

20__		20__		20__		20__		20__	
S	R	S	R	S	R	S	R	S	R

20__		20__		20__		20__		20__	
S	R	S	R	S	R	S	R	S	R

NAME	
ADDRESS	
EMAIL/PHONE	

20__		20__		20__		20__		20__	
S	R	S	R	S	R	S	R	S	R

20__		20__		20__		20__		20__	
S	R	S	R	S	R	S	R	S	R

NAME	
ADDRESS	
EMAIL/PHONE	

20__		20__		20__		20__		20__	
S	R	S	R	S	R	S	R	S	R

20__		20__		20__		20__		20__	
S	R	S	R	S	R	S	R	S	R

U

NAME	
ADDRESS	
EMAIL/PHONE	

20___	20___	20___	20___	20___
S | R	S | R	S | R	S | R	S | R

20___	20___	20___	20___	20___
S | R	S | R	S | R	S | R	S | R

NAME	
ADDRESS	
EMAIL/PHONE	

20___	20___	20___	20___	20___
S | R	S | R	S | R	S | R	S | R

20___	20___	20___	20___	20___
S | R	S | R	S | R	S | R	S | R

NAME	
ADDRESS	
EMAIL/PHONE	

20___	20___	20___	20___	20___
S | R	S | R	S | R	S | R	S | R

20___	20___	20___	20___	20___
S | R	S | R	S | R	S | R	S | R

NAME	
ADDRESS	
EMAIL/PHONE	

20___	20___	20___	20___	20___
S | R	S | R	S | R	S | R	S | R

20___	20___	20___	20___	20___
S | R	S | R	S | R	S | R	S | R

V

NAME	
ADDRESS	
EMAIL/PHONE	

20__		20__		20__		20__		20__	
S	R	S	R	S	R	S	R	S	R
20__		20__		20__		20__		20__	
S	R	S	R	S	R	S	R	S	R

NAME	
ADDRESS	
EMAIL/PHONE	

20__		20__		20__		20__		20__	
S	R	S	R	S	R	S	R	S	R
20__		20__		20__		20__		20__	
S	R	S	R	S	R	S	R	S	R

NAME	
ADDRESS	
EMAIL/PHONE	

20__		20__		20__		20__		20__	
S	R	S	R	S	R	S	R	S	R
20__		20__		20__		20__		20__	
S	R	S	R	S	R	S	R	S	R

NAME	
ADDRESS	
EMAIL/PHONE	

20__		20__		20__		20__		20__	
S	R	S	R	S	R	S	R	S	R
20__		20__		20__		20__		20__	
S	R	S	R	S	R	S	R	S	R

V

NAME	
ADDRESS	
EMAIL/PHONE	

20__		20__		20__		20__		20__	
S	R	S	R	S	R	S	R	S	R
20__		20__		20__		20__		20__	
S	R	S	R	S	R	S	R	S	R

NAME	
ADDRESS	
EMAIL/PHONE	

20__		20__		20__		20__		20__	
S	R	S	R	S	R	S	R	S	R
20__		20__		20__		20__		20__	
S	R	S	R	S	R	S	R	S	R

NAME	
ADDRESS	
EMAIL/PHONE	

20__		20__		20__		20__		20__	
S	R	S	R	S	R	S	R	S	R
20__		20__		20__		20__		20__	
S	R	S	R	S	R	S	R	S	R

NAME	
ADDRESS	
EMAIL/PHONE	

20__		20__		20__		20__		20__	
S	R	S	R	S	R	S	R	S	R
20__		20__		20__		20__		20__	
S	R	S	R	S	R	S	R	S	R

V

NAME	
ADDRESS	
EMAIL/PHONE	

20__		20__		20__		20__		20__	
S	R	S	R	S	R	S	R	S	R
20__		20__		20__		20__		20__	
S	R	S	R	S	R	S	R	S	R

NAME	
ADDRESS	
EMAIL/PHONE	

20__		20__		20__		20__		20__	
S	R	S	R	S	R	S	R	S	R
20__		20__		20__		20__		20__	
S	R	S	R	S	R	S	R	S	R

NAME	
ADDRESS	
EMAIL/PHONE	

20__		20__		20__		20__		20__	
S	R	S	R	S	R	S	R	S	R
20__		20__		20__		20__		20__	
S	R	S	R	S	R	S	R	S	R

NAME	
ADDRESS	
EMAIL/PHONE	

20__		20__		20__		20__		20__	
S	R	S	R	S	R	S	R	S	R
20__		20__		20__		20__		20__	
S	R	S	R	S	R	S	R	S	R

V

NAME	
ADDRESS	
EMAIL/PHONE	

20___		20___		20___		20___		20___	
S	R	S	R	S	R	S	R	S	R
20___		20___		20___		20___		20___	
S	R	S	R	S	R	S	R	S	R

NAME	
ADDRESS	
EMAIL/PHONE	

20___		20___		20___		20___		20___	
S	R	S	R	S	R	S	R	S	R
20___		20___		20___		20___		20___	
S	R	S	R	S	R	S	R	S	R

NAME	
ADDRESS	
EMAIL/PHONE	

20___		20___		20___		20___		20___	
S	R	S	R	S	R	S	R	S	R
20___		20___		20___		20___		20___	
S	R	S	R	S	R	S	R	S	R

NAME	
ADDRESS	
EMAIL/PHONE	

20___		20___		20___		20___		20___	
S	R	S	R	S	R	S	R	S	R
20___		20___		20___		20___		20___	
S	R	S	R	S	R	S	R	S	R

V

NAME	
ADDRESS	
EMAIL/PHONE	

20__		20__		20__		20__		20__	
S	R	S	R	S	R	S	R	S	R
20__		20__		20__		20__		20__	
S	R	S	R	S	R	S	R	S	R

NAME	
ADDRESS	
EMAIL/PHONE	

20__		20__		20__		20__		20__	
S	R	S	R	S	R	S	R	S	R
20__		20__		20__		20__		20__	
S	R	S	R	S	R	S	R	S	R

NAME	
ADDRESS	
EMAIL/PHONE	

20__		20__		20__		20__		20__	
S	R	S	R	S	R	S	R	S	R
20__		20__		20__		20__		20__	
S	R	S	R	S	R	S	R	S	R

NAME	
ADDRESS	
EMAIL/PHONE	

20__		20__		20__		20__		20__	
S	R	S	R	S	R	S	R	S	R
20__		20__		20__		20__		20__	
S	R	S	R	S	R	S	R	S	R

V

NAME	
ADDRESS	
EMAIL/PHONE	

20__		20__		20__		20__		20__	
S	R	S	R	S	R	S	R	S	R
20__		20__		20__		20__		20__	
S	R	S	R	S	R	S	R	S	R

NAME	
ADDRESS	
EMAIL/PHONE	

20__		20__		20__		20__		20__	
S	R	S	R	S	R	S	R	S	R
20__		20__		20__		20__		20__	
S	R	S	R	S	R	S	R	S	R

NAME	
ADDRESS	
EMAIL/PHONE	

20__		20__		20__		20__		20__	
S	R	S	R	S	R	S	R	S	R
20__		20__		20__		20__		20__	
S	R	S	R	S	R	S	R	S	R

NAME	
ADDRESS	
EMAIL/PHONE	

20__		20__		20__		20__		20__	
S	R	S	R	S	R	S	R	S	R
20__		20__		20__		20__		20__	
S	R	S	R	S	R	S	R	S	R

W

NAME	
ADDRESS	
EMAIL/PHONE	

20__		20__		20__		20__		20__	
S	R	S	R	S	R	S	R	S	R
20__		20__		20__		20__		20__	
S	R	S	R	S	R	S	R	S	R

NAME	
ADDRESS	
EMAIL/PHONE	

20__		20__		20__		20__		20__	
S	R	S	R	S	R	S	R	S	R
20__		20__		20__		20__		20__	
S	R	S	R	S	R	S	R	S	R

NAME	
ADDRESS	
EMAIL/PHONE	

20__		20__		20__		20__		20__	
S	R	S	R	S	R	S	R	S	R
20__		20__		20__		20__		20__	
S	R	S	R	S	R	S	R	S	R

NAME	
ADDRESS	
EMAIL/PHONE	

20__		20__		20__		20__		20__	
S	R	S	R	S	R	S	R	S	R
20__		20__		20__		20__		20__	
S	R	S	R	S	R	S	R	S	R

NAME	
ADDRESS	
EMAIL/PHONE	

20__		20__		20__		20__		20__	
S	R	S	R	S	R	S	R	S	R
20__		20__		20__		20__		20__	
S	R	S	R	S	R	S	R	S	R

NAME	
ADDRESS	
EMAIL/PHONE	

20__		20__		20__		20__		20__	
S	R	S	R	S	R	S	R	S	R
20__		20__		20__		20__		20__	
S	R	S	R	S	R	S	R	S	R

NAME	
ADDRESS	
EMAIL/PHONE	

20__		20__		20__		20__		20__	
S	R	S	R	S	R	S	R	S	R
20__		20__		20__		20__		20__	
S	R	S	R	S	R	S	R	S	R

NAME	
ADDRESS	
EMAIL/PHONE	

20__		20__		20__		20__		20__	
S	R	S	R	S	R	S	R	S	R
20__		20__		20__		20__		20__	
S	R	S	R	S	R	S	R	S	R

W

NAME	
ADDRESS	
EMAIL/PHONE	

20__		20__		20__		20__		20__	
S	R	S	R	S	R	S	R	S	R
20__		20__		20__		20__		20__	
S	R	S	R	S	R	S	R	S	R

NAME	
ADDRESS	
EMAIL/PHONE	

20__		20__		20__		20__		20__	
S	R	S	R	S	R	S	R	S	R
20__		20__		20__		20__		20__	
S	R	S	R	S	R	S	R	S	R

NAME	
ADDRESS	
EMAIL/PHONE	

20__		20__		20__		20__		20__	
S	R	S	R	S	R	S	R	S	R
20__		20__		20__		20__		20__	
S	R	S	R	S	R	S	R	S	R

NAME	
ADDRESS	
EMAIL/PHONE	

20__		20__		20__		20__		20__	
S	R	S	R	S	R	S	R	S	R
20__		20__		20__		20__		20__	
S	R	S	R	S	R	S	R	S	R

NAME	
ADDRESS	
EMAIL/PHONE	

20__		20__		20__		20__		20__	
S	R	S	R	S	R	S	R	S	R
20__		20__		20__		20__		20__	
S	R	S	R	S	R	S	R	S	R

NAME	
ADDRESS	
EMAIL/PHONE	

20__		20__		20__		20__		20__	
S	R	S	R	S	R	S	R	S	R
20__		20__		20__		20__		20__	
S	R	S	R	S	R	S	R	S	R

NAME	
ADDRESS	
EMAIL/PHONE	

20__		20__		20__		20__		20__	
S	R	S	R	S	R	S	R	S	R
20__		20__		20__		20__		20__	
S	R	S	R	S	R	S	R	S	R

NAME	
ADDRESS	
EMAIL/PHONE	

20__		20__		20__		20__		20__	
S	R	S	R	S	R	S	R	S	R
20__		20__		20__		20__		20__	
S	R	S	R	S	R	S	R	S	R

NAME	
ADDRESS	
EMAIL/PHONE	

20__		20__		20__		20__		20__	
S	R	S	R	S	R	S	R	S	R
20__		20__		20__		20__		20__	
S	R	S	R	S	R	S	R	S	R

NAME	
ADDRESS	
EMAIL/PHONE	

20__		20__		20__		20__		20__	
S	R	S	R	S	R	S	R	S	R
20__		20__		20__		20__		20__	
S	R	S	R	S	R	S	R	S	R

NAME	
ADDRESS	
EMAIL/PHONE	

20__		20__		20__		20__		20__	
S	R	S	R	S	R	S	R	S	R
20__		20__		20__		20__		20__	
S	R	S	R	S	R	S	R	S	R

NAME	
ADDRESS	
EMAIL/PHONE	

20__		20__		20__		20__		20__	
S	R	S	R	S	R	S	R	S	R
20__		20__		20__		20__		20__	
S	R	S	R	S	R	S	R	S	R

NAME	
ADDRESS	
EMAIL/PHONE	

20__		20__		20__		20__		20__	
S	R	S	R	S	R	S	R	S	R
20__		20__		20__		20__		20__	
S	R	S	R	S	R	S	R	S	R

NAME	
ADDRESS	
EMAIL/PHONE	

20__		20__		20__		20__		20__	
S	R	S	R	S	R	S	R	S	R
20__		20__		20__		20__		20__	
S	R	S	R	S	R	S	R	S	R

NAME	
ADDRESS	
EMAIL/PHONE	

20__		20__		20__		20__		20__	
S	R	S	R	S	R	S	R	S	R
20__		20__		20__		20__		20__	
S	R	S	R	S	R	S	R	S	R

NAME	
ADDRESS	
EMAIL/PHONE	

20__		20__		20__		20__		20__	
S	R	S	R	S	R	S	R	S	R
20__		20__		20__		20__		20__	
S	R	S	R	S	R	S	R	S	R

X

NAME	
ADDRESS	
EMAIL/PHONE	

20__		20__		20__		20__		20__	
S	R	S	R	S	R	S	R	S	R
20__		20__		20__		20__		20__	
S	R	S	R	S	R	S	R	S	R

NAME	
ADDRESS	
EMAIL/PHONE	

20__		20__		20__		20__		20__	
S	R	S	R	S	R	S	R	S	R
20__		20__		20__		20__		20__	
S	R	S	R	S	R	S	R	S	R

NAME	
ADDRESS	
EMAIL/PHONE	

20__		20__		20__		20__		20__	
S	R	S	R	S	R	S	R	S	R
20__		20__		20__		20__		20__	
S	R	S	R	S	R	S	R	S	R

NAME	
ADDRESS	
EMAIL/PHONE	

20__		20__		20__		20__		20__	
S	R	S	R	S	R	S	R	S	R
20__		20__		20__		20__		20__	
S	R	S	R	S	R	S	R	S	R

NAME	
ADDRESS	
EMAIL/PHONE	

20__		20__		20__		20__		20__	
S	R	S	R	S	R	S	R	S	R
20__		20__		20__		20__		20__	
S	R	S	R	S	R	S	R	S	R

NAME	
ADDRESS	
EMAIL/PHONE	

20__		20__		20__		20__		20__	
S	R	S	R	S	R	S	R	S	R
20__		20__		20__		20__		20__	
S	R	S	R	S	R	S	R	S	R

NAME	
ADDRESS	
EMAIL/PHONE	

20__		20__		20__		20__		20__	
S	R	S	R	S	R	S	R	S	R
20__		20__		20__		20__		20__	
S	R	S	R	S	R	S	R	S	R

NAME	
ADDRESS	
EMAIL/PHONE	

20__		20__		20__		20__		20__	
S	R	S	R	S	R	S	R	S	R
20__		20__		20__		20__		20__	
S	R	S	R	S	R	S	R	S	R

X

NAME	
ADDRESS	
EMAIL/PHONE	

20__		20__		20__		20__		20__	
S	R	S	R	S	R	S	R	S	R
20__		20__		20__		20__		20__	
S	R	S	R	S	R	S	R	S	R

NAME	
ADDRESS	
EMAIL/PHONE	

20__		20__		20__		20__		20__	
S	R	S	R	S	R	S	R	S	R
20__		20__		20__		20__		20__	
S	R	S	R	S	R	S	R	S	R

NAME	
ADDRESS	
EMAIL/PHONE	

20__		20__		20__		20__		20__	
S	R	S	R	S	R	S	R	S	R
20__		20__		20__		20__		20__	
S	R	S	R	S	R	S	R	S	R

NAME	
ADDRESS	
EMAIL/PHONE	

20__		20__		20__		20__		20__	
S	R	S	R	S	R	S	R	S	R
20__		20__		20__		20__		20__	
S	R	S	R	S	R	S	R	S	R

X

NAME	
ADDRESS	
EMAIL/PHONE	

20__		20__		20__		20__		20__	
S	R	S	R	S	R	S	R	S	R
20__		20__		20__		20__		20__	
S	R	S	R	S	R	S	R	S	R

NAME	
ADDRESS	
EMAIL/PHONE	

20__		20__		20__		20__		20__	
S	R	S	R	S	R	S	R	S	R
20__		20__		20__		20__		20__	
S	R	S	R	S	R	S	R	S	R

NAME	
ADDRESS	
EMAIL/PHONE	

20__		20__		20__		20__		20__	
S	R	S	R	S	R	S	R	S	R
20__		20__		20__		20__		20__	
S	R	S	R	S	R	S	R	S	R

NAME	
ADDRESS	
EMAIL/PHONE	

20__		20__		20__		20__		20__	
S	R	S	R	S	R	S	R	S	R
20__		20__		20__		20__		20__	
S	R	S	R	S	R	S	R	S	R

X

NAME	
ADDRESS	
EMAIL/PHONE	

20__		20__		20__		20__		20__	
S	R	S	R	S	R	S	R	S	R
20__		20__		20__		20__		20__	
S	R	S	R	S	R	S	R	S	R

NAME	
ADDRESS	
EMAIL/PHONE	

20__		20__		20__		20__		20__	
S	R	S	R	S	R	S	R	S	R
20__		20__		20__		20__		20__	
S	R	S	R	S	R	S	R	S	R

NAME	
ADDRESS	
EMAIL/PHONE	

20__		20__		20__		20__		20__	
S	R	S	R	S	R	S	R	S	R
20__		20__		20__		20__		20__	
S	R	S	R	S	R	S	R	S	R

NAME	
ADDRESS	
EMAIL/PHONE	

20__		20__		20__		20__		20__	
S	R	S	R	S	R	S	R	S	R
20__		20__		20__		20__		20__	
S	R	S	R	S	R	S	R	S	R

NAME	
ADDRESS	
EMAIL/PHONE	

20__		20__		20__		20__		20__	
S	R	S	R	S	R	S	R	S	R
20__		20__		20__		20__		20__	
S	R	S	R	S	R	S	R	S	R

NAME	
ADDRESS	
EMAIL/PHONE	

20__		20__		20__		20__		20__	
S	R	S	R	S	R	S	R	S	R
20__		20__		20__		20__		20__	
S	R	S	R	S	R	S	R	S	R

NAME	
ADDRESS	
EMAIL/PHONE	

20__		20__		20__		20__		20__	
S	R	S	R	S	R	S	R	S	R
20__		20__		20__		20__		20__	
S	R	S	R	S	R	S	R	S	R

NAME	
ADDRESS	
EMAIL/PHONE	

20__		20__		20__		20__		20__	
S	R	S	R	S	R	S	R	S	R
20__		20__		20__		20__		20__	
S	R	S	R	S	R	S	R	S	R

Y

NAME	
ADDRESS	
EMAIL/PHONE	

20__		20__		20__		20__		20__	
S	R	S	R	S	R	S	R	S	R
20__		20__		20__		20__		20__	
S	R	S	R	S	R	S	R	S	R

NAME	
ADDRESS	
EMAIL/PHONE	

20__		20__		20__		20__		20__	
S	R	S	R	S	R	S	R	S	R
20__		20__		20__		20__		20__	
S	R	S	R	S	R	S	R	S	R

NAME	
ADDRESS	
EMAIL/PHONE	

20__		20__		20__		20__		20__	
S	R	S	R	S	R	S	R	S	R
20__		20__		20__		20__		20__	
S	R	S	R	S	R	S	R	S	R

NAME	
ADDRESS	
EMAIL/PHONE	

20__		20__		20__		20__		20__	
S	R	S	R	S	R	S	R	S	R
20__		20__		20__		20__		20__	
S	R	S	R	S	R	S	R	S	R

Y

NAME	
ADDRESS	
EMAIL/PHONE	

20___		20___		20___		20___		20___	
S	R	S	R	S	R	S	R	S	R
20___		20___		20___		20___		20___	
S	R	S	R	S	R	S	R	S	R

NAME	
ADDRESS	
EMAIL/PHONE	

20___		20___		20___		20___		20___	
S	R	S	R	S	R	S	R	S	R
20___		20___		20___		20___		20___	
S	R	S	R	S	R	S	R	S	R

NAME	
ADDRESS	
EMAIL/PHONE	

20___		20___		20___		20___		20___	
S	R	S	R	S	R	S	R	S	R
20___		20___		20___		20___		20___	
S	R	S	R	S	R	S	R	S	R

NAME	
ADDRESS	
EMAIL/PHONE	

20___		20___		20___		20___		20___	
S	R	S	R	S	R	S	R	S	R
20___		20___		20___		20___		20___	
S	R	S	R	S	R	S	R	S	R

Y

NAME	
ADDRESS	
EMAIL/PHONE	

20__		20__		20__		20__		20__	
S	R	S	R	S	R	S	R	S	R
20__		20__		20__		20__		20__	
S	R	S	R	S	R	S	R	S	R

NAME	
ADDRESS	
EMAIL/PHONE	

20__		20__		20__		20__		20__	
S	R	S	R	S	R	S	R	S	R
20__		20__		20__		20__		20__	
S	R	S	R	S	R	S	R	S	R

NAME	
ADDRESS	
EMAIL/PHONE	

20__		20__		20__		20__		20__	
S	R	S	R	S	R	S	R	S	R
20__		20__		20__		20__		20__	
S	R	S	R	S	R	S	R	S	R

NAME	
ADDRESS	
EMAIL/PHONE	

20__		20__		20__		20__		20__	
S	R	S	R	S	R	S	R	S	R
20__		20__		20__		20__		20__	
S	R	S	R	S	R	S	R	S	R

Y

NAME	
ADDRESS	
EMAIL/PHONE	

20__		20__		20__		20__		20__	
S	R	S	R	S	R	S	R	S	R
20__		20__		20__		20__		20__	
S	R	S	R	S	R	S	R	S	R

NAME	
ADDRESS	
EMAIL/PHONE	

20__		20__		20__		20__		20__	
S	R	S	R	S	R	S	R	S	R
20__		20__		20__		20__		20__	
S	R	S	R	S	R	S	R	S	R

NAME	
ADDRESS	
EMAIL/PHONE	

20__		20__		20__		20__		20__	
S	R	S	R	S	R	S	R	S	R
20__		20__		20__		20__		20__	
S	R	S	R	S	R	S	R	S	R

NAME	
ADDRESS	
EMAIL/PHONE	

20__		20__		20__		20__		20__	
S	R	S	R	S	R	S	R	S	R
20__		20__		20__		20__		20__	
S	R	S	R	S	R	S	R	S	R

Y

NAME	
ADDRESS	
EMAIL/PHONE	

20__		20__		20__		20__		20__	
S	R	S	R	S	R	S	R	S	R
20__		20__		20__		20__		20__	
S	R	S	R	S	R	S	R	S	R

NAME	
ADDRESS	
EMAIL/PHONE	

20__		20__		20__		20__		20__	
S	R	S	R	S	R	S	R	S	R
20__		20__		20__		20__		20__	
S	R	S	R	S	R	S	R	S	R

NAME	
ADDRESS	
EMAIL/PHONE	

20__		20__		20__		20__		20__	
S	R	S	R	S	R	S	R	S	R
20__		20__		20__		20__		20__	
S	R	S	R	S	R	S	R	S	R

NAME	
ADDRESS	
EMAIL/PHONE	

20__		20__		20__		20__		20__	
S	R	S	R	S	R	S	R	S	R
20__		20__		20__		20__		20__	
S	R	S	R	S	R	S	R	S	R

Y

NAME	
ADDRESS	
EMAIL/PHONE	

20___		20___		20___		20___		20___	
S	R	S	R	S	R	S	R	S	R

20___		20___		20___		20___		20___	
S	R	S	R	S	R	S	R	S	R

NAME	
ADDRESS	
EMAIL/PHONE	

20___		20___		20___		20___		20___	
S	R	S	R	S	R	S	R	S	R

20___		20___		20___		20___		20___	
S	R	S	R	S	R	S	R	S	R

NAME	
ADDRESS	
EMAIL/PHONE	

20___		20___		20___		20___		20___	
S	R	S	R	S	R	S	R	S	R

20___		20___		20___		20___		20___	
S	R	S	R	S	R	S	R	S	R

NAME	
ADDRESS	
EMAIL/PHONE	

20___		20___		20___		20___		20___	
S	R	S	R	S	R	S	R	S	R

20___		20___		20___		20___		20___	
S	R	S	R	S	R	S	R	S	R

Z

NAME	
ADDRESS	
EMAIL/PHONE	

20___		20___		20___		20___		20___	
S	R	S	R	S	R	S	R	S	R
20___		20___		20___		20___		20___	
S	R	S	R	S	R	S	R	S	R

NAME	
ADDRESS	
EMAIL/PHONE	

20___		20___		20___		20___		20___	
S	R	S	R	S	R	S	R	S	R
20___		20___		20___		20___		20___	
S	R	S	R	S	R	S	R	S	R

NAME	
ADDRESS	
EMAIL/PHONE	

20___		20___		20___		20___		20___	
S	R	S	R	S	R	S	R	S	R
20___		20___		20___		20___		20___	
S	R	S	R	S	R	S	R	S	R

NAME	
ADDRESS	
EMAIL/PHONE	

20___		20___		20___		20___		20___	
S	R	S	R	S	R	S	R	S	R
20___		20___		20___		20___		20___	
S	R	S	R	S	R	S	R	S	R

Z

NAME	
ADDRESS	
EMAIL/PHONE	

20__		20__		20__		20__		20__	
S	R	S	R	S	R	S	R	S	R
20__		20__		20__		20__		20__	
S	R	S	R	S	R	S	R	S	R

NAME	
ADDRESS	
EMAIL/PHONE	

20__		20__		20__		20__		20__	
S	R	S	R	S	R	S	R	S	R
20__		20__		20__		20__		20__	
S	R	S	R	S	R	S	R	S	R

NAME	
ADDRESS	
EMAIL/PHONE	

20__		20__		20__		20__		20__	
S	R	S	R	S	R	S	R	S	R
20__		20__		20__		20__		20__	
S	R	S	R	S	R	S	R	S	R

NAME	
ADDRESS	
EMAIL/PHONE	

20__		20__		20__		20__		20__	
S	R	S	R	S	R	S	R	S	R
20__		20__		20__		20__		20__	
S	R	S	R	S	R	S	R	S	R

Z

NAME	
ADDRESS	
EMAIL/PHONE	

20__		20__		20__		20__		20__	
S	R	S	R	S	R	S	R	S	R
20__		20__		20__		20__		20__	
S	R	S	R	S	R	S	R	S	R

NAME	
ADDRESS	
EMAIL/PHONE	

20__		20__		20__		20__		20__	
S	R	S	R	S	R	S	R	S	R
20__		20__		20__		20__		20__	
S	R	S	R	S	R	S	R	S	R

NAME	
ADDRESS	
EMAIL/PHONE	

20__		20__		20__		20__		20__	
S	R	S	R	S	R	S	R	S	R
20__		20__		20__		20__		20__	
S	R	S	R	S	R	S	R	S	R

NAME	
ADDRESS	
EMAIL/PHONE	

20__		20__		20__		20__		20__	
S	R	S	R	S	R	S	R	S	R
20__		20__		20__		20__		20__	
S	R	S	R	S	R	S	R	S	R

Z

NAME	
ADDRESS	
EMAIL/PHONE	

20__		20__		20__		20__		20__	
S	R	S	R	S	R	S	R	S	R
20__		20__		20__		20__		20__	
S	R	S	R	S	R	S	R	S	R

NAME	
ADDRESS	
EMAIL/PHONE	

20__		20__		20__		20__		20__	
S	R	S	R	S	R	S	R	S	R
20__		20__		20__		20__		20__	
S	R	S	R	S	R	S	R	S	R

NAME	
ADDRESS	
EMAIL/PHONE	

20__		20__		20__		20__		20__	
S	R	S	R	S	R	S	R	S	R
20__		20__		20__		20__		20__	
S	R	S	R	S	R	S	R	S	R

NAME	
ADDRESS	
EMAIL/PHONE	

20__		20__		20__		20__		20__	
S	R	S	R	S	R	S	R	S	R
20__		20__		20__		20__		20__	
S	R	S	R	S	R	S	R	S	R

Z

NAME	
ADDRESS	
EMAIL/PHONE	

20__		20__		20__		20__		20__	
S	R	S	R	S	R	S	R	S	R

20__		20__		20__		20__		20__	
S	R	S	R	S	R	S	R	S	R

NAME	
ADDRESS	
EMAIL/PHONE	

20__		20__		20__		20__		20__	
S	R	S	R	S	R	S	R	S	R

20__		20__		20__		20__		20__	
S	R	S	R	S	R	S	R	S	R

NAME	
ADDRESS	
EMAIL/PHONE	

20__		20__		20__		20__		20__	
S	R	S	R	S	R	S	R	S	R

20__		20__		20__		20__		20__	
S	R	S	R	S	R	S	R	S	R

NAME	
ADDRESS	
EMAIL/PHONE	

20__		20__		20__		20__		20__	
S	R	S	R	S	R	S	R	S	R

20__		20__		20__		20__		20__	
S	R	S	R	S	R	S	R	S	R

Z

NAME	
ADDRESS	
EMAIL/PHONE	

20__		20__		20__		20__		20__	
S	R	S	R	S	R	S	R	S	R
20__		20__		20__		20__		20__	
S	R	S	R	S	R	S	R	S	R

NAME	
ADDRESS	
EMAIL/PHONE	

20__		20__		20__		20__		20__	
S	R	S	R	S	R	S	R	S	R
20__		20__		20__		20__		20__	
S	R	S	R	S	R	S	R	S	R

NAME	
ADDRESS	
EMAIL/PHONE	

20__		20__		20__		20__		20__	
S	R	S	R	S	R	S	R	S	R
20__		20__		20__		20__		20__	
S	R	S	R	S	R	S	R	S	R

NAME	
ADDRESS	
EMAIL/PHONE	

20__		20__		20__		20__		20__	
S	R	S	R	S	R	S	R	S	R
20__		20__		20__		20__		20__	
S	R	S	R	S	R	S	R	S	R

NOTES

Printed in Great Britain
by Amazon